农村公路建设社会评价方法研究

Research on Social Evaluation Methods for Rural Road Construction

李 畔　陈岳峰　田 园　编著

内 容 提 要

本书全面地探讨了农村公路建设项目社会评价方法的理论框架、技术及应用实例，主要基于农村公路相关基础理论和后评价研究现状，从农村公路建设项目的影响产生机理出发，提出量化评估工具来科学评估农村公路建设的影响。此外，本书详细介绍了项目影响评价资料收集与监测调查的技术方法，并且通过福建省农村公路建设项目案例，详细阐述评估方法的具体应用，解析农村公路项目建设对农村社会发展的主要影响。本书不仅对农村公路建设的社会成效影响进行了深刻的理论探讨和实践分析，也为政策制定者提供了科学决策的工具和方法，具有重要的学术价值和应用价值。

本书适用于交通运输工程专业等相关行业的研究人员和专业技术人员，也可供高等院校相关专业的师生参考，以及为政策制定者提供科学决策的工具和方法。

图书在版编目（CIP）数据

农村公路建设社会评价方法研究 / 李晔，陈岳峰，田园编著. -- 上海：同济大学出版社，2024.11.
ISBN 978-7-5765-1384-4
Ⅰ. U412.36
中国国家版本馆 CIP 数据核字第 2024NK3391 号

农村公路建设社会评价方法研究

李 晔　陈岳峰　田 园　编著

| 责任编辑 | 宋 立 | 助理编辑 | 陈妮莉 | 责任校对 | 徐逢乔 | 封面设计 | 于思源 |

出版发行	同济大学出版社　www.tongjipress.com.cn （地址：上海市四平路1239号　邮编：200092　电话：021-65985622）
经　销	全国各地新华书店
印　刷	苏州市古得堡数码印刷有限公司
开　本	787 mm×1092 mm　1/16
印　张	10
字　数	225 000
版　次	2024年11月第1版
印　次	2024年11月第1次印刷
书　号	ISBN 978-7-5765-1384-4
定　价	78.00元

本书若有印装质量问题，请向本社发行部调换　　版权所有　侵权必究

前言 Preface

在新型城镇化战略与乡村振兴战略持续深入推进的背景下,农村公路作为基础设施的关键组成部分,不仅承载着连接城乡、促进区域均衡发展的重要使命,更是激发农村社会经济活力、提高农村居民生活质量的重要推动力。然而,如何科学、系统、全面地评价农村公路建设的社会效益,已成为当前亟待解决的问题。在此背景下,本书应运而生,旨在为我国农村公路建设的社会成效评价提供一套全面的理论体系和系统的方法论。

本书全面且系统地探讨了农村公路建设社会评价方法的理论框架、技术及应用实例,是农村公路发展研究领域的一项重要成果。首先,本书考察了现阶段农村公路相关基础理论和后评价研究现状,以世界银行推广应用的普适评价体系为基础,综合考虑我国现阶段社会主义新农村建设的需求,分析农村公路建设项目的影响产生机理,构建了适合我国国情的农村公路建设项目影响评价指标体系。其次,本书研究了一种融合了综合倍差法和工具变量法优势的量化评估工具,用于科学评估农村公路建设的影响,能够有效消除由其他政策变量引起的影响。再次,本书还详细介绍了项目影响评价资料收集与监测调查的技术方法,包括反事实场景技术的运用,确立了数据收集的科学方法和三阶段抽样策略。最后,本书以福建省农村公路建设项目作为案例,详细阐述了评估方法的具体应用,解析了农村公路项目建设对农村社会发展的主要影响,实现了理论与实践的有机结合。

具体来说,本书的章节安排如下:第1章概述农村公路建设社会评价的必要性,回顾发展历程,并明确评价社会效益的核心问题与研究框架。第2章对国内外农村公路定义与标准进行对比,深入分析评价的理论基础。第3章探讨农村公路功能与建设成效的机理,揭示其对交通、经济、社会及环境的影响。第4章构建农村公路建设成效评价指标体系,通过一系列科学方法确定评价指标。第5章介绍评估方法与技术,涵盖评估设计与指标考察。第6章详细说明资料收集方法,包括资料类型、来源及调查方法。第7章阐述抽样调查设计,以确保样本的代表性和评估的准确性。第8章通过福建省的实证研究,全面评价了农村公路建设的多维影响,证实了评价体系的实用性,为农村公路社会评价提供参考。

本书得到了上海市社科规划中青班专项课题"农村公路建设社会评价方法研究：范式、指标与实施"、世界银行咨询课题"福建省农村公路建设成效资料收集与监测"的资助。同时，本书的完成离不开同济大学出版社的鼎力相助，以及参与编写的研究学者和审稿专家的辛勤工作。在此，对所有提供支持、帮助和建议的个人和组织，我们表示衷心的感谢。

尽管我们在撰写过程中付出了诸多努力，但由于时间仓促和条件所限，书中难免存在不足或疏漏之处。我们诚挚地希望广大读者能够提出宝贵的意见和建议，以便不断改进和完善。

作者

2024 年 3 月

目录 Contents

前言
第1章　绪论 ··· 1
   1.1　研究背景 ··· 1
      1.1.1　我国农村公路发展历程 ··· 1
      1.1.2　我国农村公路发展现状和规划 ··· 2
   1.2　研究问题 ··· 3
   1.3　研究内容 ··· 3
   1.4　研究方法 ··· 4
   1.5　技术路线 ··· 4
   1.6　章节安排 ··· 6

第2章　农村公路基本概念及评价内涵 ··· 7
   2.1　农村公路的概念 ··· 7
      2.1.1　我国农村公路的概念、标准及现状 ··································· 7
      2.1.2　国外对农村公路的界定 ··· 8
   2.2　农村公路的特点分析 ··· 10
      2.2.1　农村公路的项目特点 ··· 10
      2.2.2　农村公路的交通特性 ··· 10
   2.3　农村公路项目的评价内涵分析 ·· 11
      2.3.1　基于世界银行视角的评价内涵 ······································· 11
      2.3.2　基于社会主义新农村视角的评价内涵 ···························· 12
      2.3.3　复合评价内涵分析 ··· 13

第3章　农村公路项目效益与影响的生成机理 ····························· 14
   3.1　农村公路的功能 ··· 14
      3.1.1　通达性的定义与分类 ··· 14
      3.1.2　农村公路与通达性的实现 ··· 14

3.2 农村公路项目建设成效的产生机理分析 ························· 15
　　3.2.1 对交通发展的影响 ··································· 15
　　3.2.2 对经济发展的影响 ··································· 16
　　3.2.3 对社会发展的影响 ··································· 17
　　3.2.4 对自然资源与环境的影响 ······························ 18
3.3 世界银行视角下的成效评价指标分析 ························· 19
3.4 社会主义新农村视角下的评价指标分析 ······················· 20

第4章 农村公路建设成效评价指标体系的构建 ·················· 22

4.1 评价指标体系的构建方法 ································· 22
　　4.1.1 指标体系的构建方法选择 ······························ 22
　　4.1.2 评价指标体系的建构框架 ······························ 23
4.2 评价指标的推演路径 ····································· 23
　　4.2.1 成效的属性分析 ··································· 23
　　4.2.2 指标观测点的推演流程 ································ 24
　　4.2.3 指标观测点的筛选原则 ································ 25
4.3 评价指标的推演和筛选 ··································· 26
　　4.3.1 一级评价指标的确定 ································· 26
　　4.3.2 二级评价指标的确定 ································· 27
　　4.3.3 指标观测点及指标体系的确定 ··························· 30
4.4 评价指标的测量方法 ····································· 34
　　4.4.1 世界银行评价指标体系的量化与考察 ······················ 34
　　4.4.2 典型项目评价指标体系的量化与考察 ······················ 44

第5章 农村公路建设成效评估方法与技术 ······················ 65

5.1 农村公路建设成效评估设计 ································ 65
　　5.1.1 随机实验法 ······································· 65
　　5.1.2 准实验法 ··· 66
5.2 农村公路建设成效评估方法 ································ 66
　　5.2.1 多元回归分析 ····································· 66
　　5.2.2 双差法 ·· 67
　　5.2.3 工具变量法 ······································· 67
　　5.2.4 直接测算法 ······································· 68
　　5.2.5 评估方法比选 ····································· 68
5.3 农村公路建设成效评价指标考察方法 ························· 68
　　5.3.1 世界银行评价指标体系指标考察方法 ······················ 68
　　5.3.2 典型项目指标体系指标考察方法 ························· 69

5.4 农村公路建设成效评估的时空范围 ··· 71
　　5.4.1 影响区与控制区选择 ·· 71
　　5.4.2 数据收集的时间范围 ·· 71

第6章　农村公路建设成效资料收集方法 ··· 72
6.1 农村公路建设成效资料考察类型 ·· 72
　　6.1.1 采用普查方式收集的成效资料 ··· 72
　　6.1.2 采用抽样调查方式收集的成效资料 ··· 72
6.2 农村公路建设成效资料来源分析 ·· 72
　　6.2.1 农村公路建设成效普查资料来源 ·· 73
　　6.2.2 农村公路建设成效抽样调查资料来源 ·· 73
6.3 农村公路建设成效调查方法比选 ·· 73
　　6.3.1 成效资料收集方法选择原则 ·· 73
　　6.3.2 成效资料收集方法的比较 ··· 74
　　6.3.3 成效资料收集方法的确定 ··· 75
6.4 成效资料调查表格及问卷设计 ·· 76
　　6.4.1 调查表格的构成 ·· 76
　　6.4.2 调查表格及问卷设计应注意的问题 ··· 77

第7章　农村公路建设成效抽样调查设计 ··· 78
7.1 抽样调查设计准备 ·· 78
　　7.1.1 抽样调查设计原则 ·· 78
　　7.1.2 抽样调查目标界定 ·· 78
7.2 抽样调查样本量的确定 ·· 79
　　7.2.1 样本量的确定原则 ·· 79
　　7.2.2 确定总样本量 ··· 79
7.3 抽样方案步骤与过程 ··· 81
　　7.3.1 初级抽样单元的抽取 ··· 81
　　7.3.2 二级抽样单元的抽取 ··· 81
　　7.3.3 三级抽样单元的抽取 ··· 82
　　7.3.4 最终抽样单元的选取 ··· 82
7.4 资料统计分析方法 ·· 83
　　7.4.1 基于统计分析的指标分类 ··· 83
　　7.4.2 面向统计分析的统计工具选择 ··· 83

第8章　实例研究：福建省农村公路建设项目影响评价 ··································· 86
8.1 福建省农村公路发展现状及特点 ·· 86

8.2 福建省农村公路建设项目影响资料收集与监测 88
 8.2.1 调查方案设计 88
 8.2.2 普查和基准调查 93
 8.2.3 跟踪调查 101
 8.2.4 数据录入及资料整理 107
8.3 福建省农村公路建设项目影响调研资料分析 109
 8.3.1 资料统计 109
 8.3.2 评估结果 111
8.4 福建省农村公路建设项目影响评价 112
 8.4.1 交通影响评价 112
 8.4.2 经济影响评价 116
 8.4.3 社会影响评价 119
 8.4.4 环境影响评价 126
 8.4.5 政治影响评价 127

参考文献 129
附录 A 抽样调查的处理组建制村详单 134
附录 B 抽样调查的对照组建制村详单 136
附录 C 基准调查和跟踪调查问卷 138

第 1 章

绪　　论

1.1　研究背景

1.1.1　我国农村公路发展历程

农村公路是全国公路网的有机组成部分,是农村重要的公益性基础设施,包括县道、乡道和村道。长期以来,国家十分重视农村公路的建设与发展,不断加大投资力度和农村公路网络的覆盖范围。我国农村公路经历了由少到多、由普及到提高的建设过程,其发展大体可以分为三个阶段。

(1) 第一阶段:初级发展阶段(1955—1977 年)。

农村公路网络初步形成。这一时期农村公路建设特点包括:国家经济实力有限,中央及各级地方政府对农村公路投入的建养资金很少,农村公路建设主要依靠发动和组织当地农民群众投工投劳完成;国家整体经济水平较低,对农村公路需求不高,农村公路的建设以通为主要目标,整体建设水平和标准都很低。

(2) 第二阶段:加快发展阶段(1978—2000 年)。

随着改革开放进程不断推进,农村产业结构逐步优化,对农村公路的数量和质量提出了较高要求。国家相应地对农村公路的发展方针进行了调整,采取以工代赈、交通扶贫、西部大开发等专项政策措施,逐步加大对农村公路的投资力度,促进农村公路发展。1994 年,开始实施《国家八七扶贫攻坚计划》,从 1994 年至 2007 年,每年投入 7 亿元资金,主要用于 21 个省区的 529 个国家级贫困县的农村公路建设,极大地改善了贫困地区的农村公路条件。自 2000 年起,国家在西部地区实施乡村通达公路建设,极大改善了西部地区农村公路的现状。

(3) 第三阶段:全面发展阶段(2001 年至今)。

21 世纪伊始,我国进入全面建设小康社会、加快推进社会主义现代化的新发展阶段。中央和各级地方政府加大了对农村公路建设的投资力度。国家相继出台了一系列促进和规范农村公路发展的规章与政策,主要包括:2005 年由国务院批准并下发的《农村公路建设规划》,2005 年国务院发布的《农村公路管理养护体制改革方案》,2006 年交通运输部出台的《农村公路建设管理方法》,2021 年中共中央、国务院印发的《国家综合立体交通网规划纲要》,以及2021年交通运输部印发的《农村公路中长期发展纲要》等。

经过数十年的发展,农村公路的覆盖范围、通达深度、通畅水平以及服务能力等均有显著提升。农村交通运输条件得到了极大改善,具备条件的乡镇和建制村实现了通硬化路、通客车的目标,基本形成了遍布农村、连接城乡的农村公路网络,农民群众"出行难"的问题得以基本解决,在打赢脱贫攻坚战的过程中发挥了巨大作用。

1.1.2 我国农村公路发展现状和规划

"十一五"到"十三五"期间,我国农村公路建设取得了显著成效,呈现出稳步发展的态势。"十一五"时期(2006—2010年),我国农村公路建设进入平稳较快发展阶段。从2006年到2009年四年间,我国全社会累计投入7 528亿元用于农村公路建设,其中,中央政府提供的建设补助资金达1 661亿元。在这些资金的支持下,新建和改建的农村公路总里程达到156万km,让2 200多个乡镇、近10万个建制村首次通了公路。同时,有7 900多个乡镇、约14.5万个建制村通上了沥青或水泥路,大幅改善了农村交通基础设施。

"十二五"期间(2011—2015年),农村公路建设持续稳步推进。在这一阶段,全国新增5 000个建制村通了公路,近900个乡镇、8万个建制村实现道路硬化。新改建农村公路总里程超过100万km,全国农村公路通车总里程达到395万km。特别是东中部地区的建制村基本实现道路硬化,西部地区的建制村通硬化路比例达到80%。此外,全国乡镇和建制村的通客运班车率分别超过99%和93.2%。

进入"十三五"期间(2016—2020年),农村公路建设逐步从数量增长向质量提升转变。全国新改建农村公路138.8万km,农村公路总里程达420万km,占公路总里程的83.8%。这一阶段解决了246个乡镇、3.3万个建制村的道路硬化问题,新增1 121个乡镇、3.35万个建制村通了客运班车。以县城为中心、乡镇为节点、村组为网点的农村公路交通网络初步形成,有效解决了农村出行难的问题,显著提升了农村居民的生活质量。此外,农村公路建设在推动脱贫致富和实施乡村振兴战略中发挥着愈发重要的作用,成为带动农村经济发展的强劲动力。

根据《农村公路中长期发展纲要》的规划,"十四五"期间,我国农村公路的发展将通过统筹融合、因地制宜、政府主导和群众参与的方式,推动乡村振兴与新型城镇化双轮驱动,确保农村公路与农业、旅游、文化等领域的深度融合发展。工作重点明确为以下几个方面:第一,构建便捷高效的骨干路网,通过以三级及以上公路标准建设服务乡村经济发展的快速公路,进一步促进城乡互联互通,强化农村与城市的联系和互动。第二,构建普惠公平的基础网络,扩大公路覆盖范围,巩固脱贫成果,增强农村地区交通便捷性。第三,营造安全宜人的交通环境。通过对安全隐患的治理和设施的完善,提升路域环境的安全性与美观性,保障农村居民出行安全。第四,健全高效的治理体系,完善管理养护机制,推广"路长制",提升公路管养的智能化水平,确保公路管理的高效性和持续性。第五,完善多元养护机制,推动养护市场化改革,促进公路一体化养护,实现公路养护工作的专业化与市场化,确保公路长期良好运行。此外,发展便民多元的客运服务,实现城乡客运一体化,保障农村居民的出行便利。发展畅通集约的物流服务,构建三级物流节点体系,推动智慧物流建设,促进城乡物流均衡发展。通过这些措施,农村公路的建设、管理和养护水平将全面提升,进而实现城乡融合发展和乡村全面振兴的目标。

截至 2023 年底,我国农村公路的总里程已达 460 万 km,其中县道 69.7 万 km、乡道 124.3 万 km、村道 266.0 万 km。沥青和水泥路的比例达到 91.8%,显著提升了农村公路的通行质量。同时,农村公路的自动化检测率提升至 70.14%,优良中等路率达到 91.1%,为农村地区提供了便捷高效、覆盖面广和服务优质的交通网络保障。

1.2 研究问题

农村公路作为农村地区最重要的基础设施,在投入建设后将对农村地区生产要素的优化配置、农产品的流通、经济发展水平,以及农村教育、医疗、卫生和社会保障等社会福利方面产生多大影响,这个问题急需通过科学客观的评价方法予以回答。

传统公路建设项目的评价方法偏重于高等级公路,不能适应农村公路评价的需要。农村公路不同于高速公路等高等级公路,属于社会公益性基础设施,所有道路皆为非收费公路,主要依靠政府投入,不能简单地采用已有的高等级公路的评价办法。

单条农村公路里程较短、联系的节点少且节点主要为村与屯,因此不宜也不可能像高等级公路那样按照单条路评价其社会经济影响,只能按照整个沿线区域公路的整体状况进行评估。

改革开放以来,由于国家公路建设的重点主要集中在高等级公路尤其是高速公路,国内众多学者也将研究目光集中在高等级公路对社会经济发展的影响方面,而针对农村公路的社会经济影响的研究相对较少,尚处于起步阶段。

针对上述评价需求和存在的问题,迫切需要系统地研究农村公路社会经济效益评价的理论依据,结合农村公路的特点,建立一套完整的评价方法体系,以区别于以往高等级公路建设项目以经济效益为主,突出农村公路建设项目评价的特点。

1.3 研究内容

基础理论和研究综述。研究整理农村公路与农村社会经济发展的关系、农村公路的福利经济特性及与公共财政的关系、农村公路建设项目后评价等相关基础理论和国内外研究现状,总结研究现状的主要特点和不足之处,提出研究思路和技术路线。

农村公路建设项目影响评价指标体系构建。以基于世界银行所倡导的普适性评价和我国社会主义新农村建设的特定阶段评价这两个视角为导向,分析农村公路建设项目的影响机理,构建农村公路建设项目影响评价指标体系,并对具体的评价指标制定量化与测度方法。

农村公路建设项目影响评价技术研究。首先,阐述构建反事实场景原理,解决评估农村公路建设产生影响规模的逻辑问题;其次,阐述各类评价技术设计方法的内涵、优缺点及适用范围,比选适合农村公路建设项目影响评价的技术方法。

农村公路建设项目影响资料调查设计与整理分析的方法体系研究。首先,分别解析评价指标体系中各类指标所蕴含的信息,阐述对达到一定精度和可靠度的评价指标对象的调查规模、调查范围及时间跨度的具体要求;其次,列举各类评价指标体系的数据来源,并提出资料收集设计思路,阐述影响资料收集方法选择原则,说明项目建设影响调查的主要方法;最后阐述抽样调查的目标、范围、总体与单元。

福建省农村公路建设项目影响评价研究。将上述农村公路建设项目评价体系理论方法应用于福建省农村公路建设评价实例,结合福建省农村公路建设项目影响资料收集与监测数据,重点采用将反事实场景技术与传统评价方法进行比较分析的方法,对福建省农村公路建设项目的影响进行评价,解析农村公路项目建设对农村经济社会发展的主要影响,验证该方法体系的应用价值。特别需要提及的是,尽管福建省的案例研究是基于2010年以前的数据,但这并不会削弱其对理论框架的应用价值。原因在于,它为验证和完善本书的理论提供了一个至关重要的平台。将评价体系和方法应用到这个真实案例中,能够对本书理论在实际操作中的有效性进行检验,并且可以获得反馈信息,以便进一步优化理论。因此,这部分研究不仅验证了理论的实用性,还为未来的实践提供了科学依据,具有持续的学术价值和实际意义。

1.4 研究方法

根据本书研究的内容和需要,采用实地调研、理论建模以及实证分析相结合的方法开展研究。

(1) 实地调研。从农村公路的实际建设状况、技术经济状况、交通需求状况、运营状况及需要问题等方面开展深入的调查与分析,搜集与建设成效相关的资料和重要数据,从而明确农村公路的实际状况和存在的问题等。

(2) 理论建模。结合系统理论和统计理论,量化和测度评价指标,建立综合数学评估模型,构建农村公路建设项目影响评价理论体系。

(3) 实证分析。通过实证研究的方法验证所建立模型及运用方法的正确性,验证农村公路建设对沿线区域发展影响评价模型和方法的可操作性及其实际价值。

1.5 技术路线

基于上述研究内容,设计本研究的技术路线如图 1-1 所示。

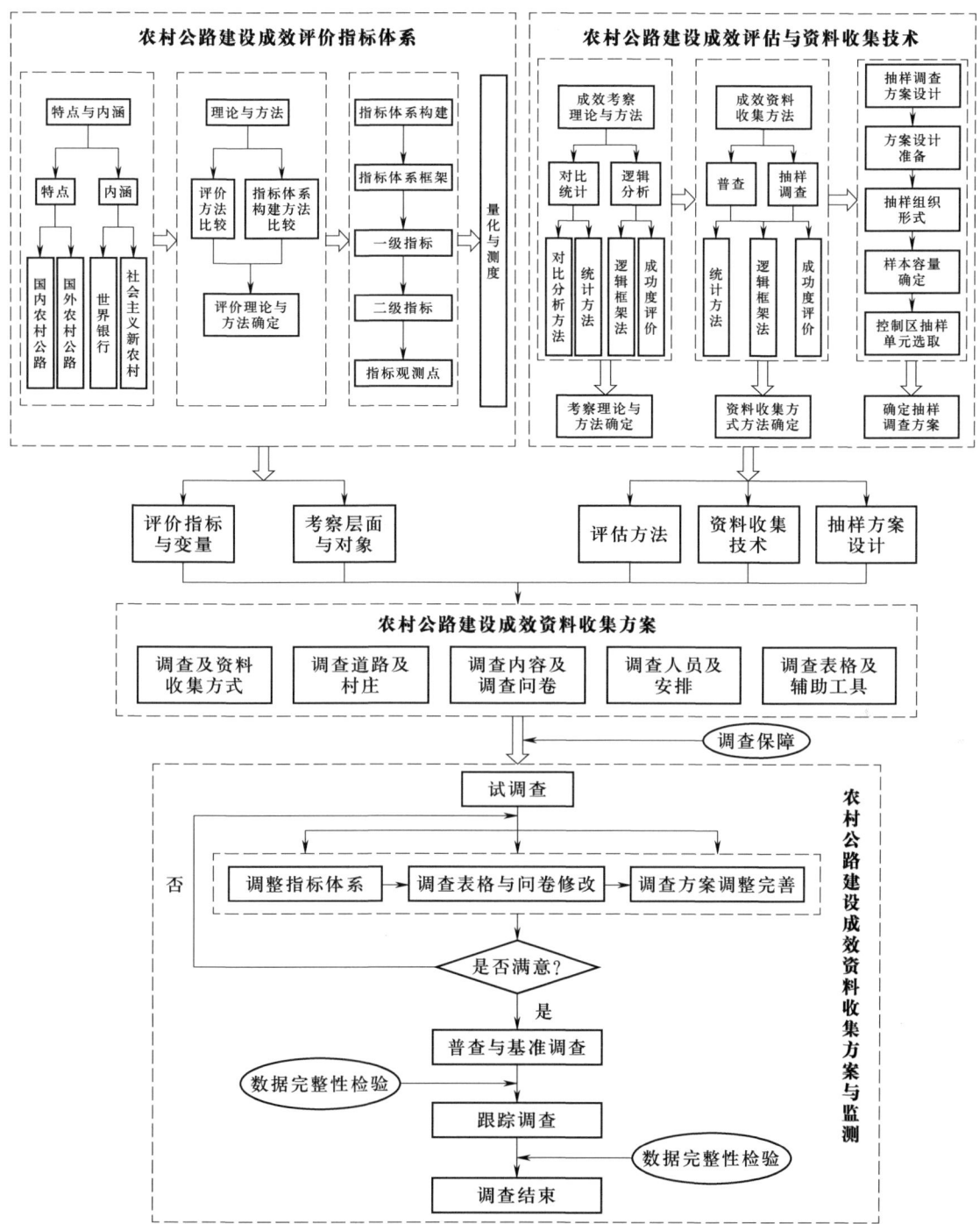

图 1-1 本研究的技术路线

1.6 章节安排

本书第 1 章主要介绍农村公路建设社会评价的背景、问题、内容和技术路线。首先，回顾了我国农村公路的发展历程和现状，指出了进行社会评价的必要性。其次，明确了研究的核心问题，即如何科学、全面地评价农村公路建设的社会效益。在此基础上，详细阐述了研究的主要内容和方法论框架。第 2 章重点对比国内外对农村公路的不同定义和标准，分析农村公路的项目特点和交通特性，探讨农村公路项目的评价内涵，从世界银行视角和社会主义新农村视角进行深入剖析，为构建复合评价内涵提供理论基础。第 3 章深入探讨农村公路的功能及其项目建设成效的产生机理。通过分析农村公路对交通发展、经济发展、社会发展，以及对自然资源与环境的影响，揭示其多维度的社会效益。第 4 章详细介绍农村公路建设成效评价指标体系的构建方法。通过推演路径的确定、指标观测点的筛选以及评价指标的推演和确定等步骤，构建一套科学、全面的评价指标体系。第 5 章重点介绍农村公路建设成效的评估方法与技术。包括评估设计、评估方法的选择以及评价指标的考察方法等。第 6 章阐述农村公路建设成效资料的收集方法。详细介绍资料考察类型、资料来源分析以及调查方法的选择与确定等。第 7 章介绍农村公路建设成效抽样调查的设计过程。包括抽样调查的原则、目标界定、样本量与抽样方案的确定等步骤。通过科学的抽样设计，确保样本的代表性和评估结果的准确性。第 8 章以福建省农村公路建设项目为例，进行实证研究。通过收集与监测项目影响资料，对调研资料进行了深入分析。在此基础上，从交通、经济、社会、环境、政治五个方面对农村公路建设项目的影响进行全面评价。实证结果表明，该评价方法体系具有较强的实用性和可操作性，能够为其他地区的农村公路建设及社会评价提供借鉴和参考。

第 2 章

农村公路基本概念及评价内涵

2.1 农村公路的概念

2.1.1 我国农村公路的概念、标准及现状

1. 我国对农村公路的界定

《全国农村公路统计标准》指出:"农村公路是全国公路网的有机组成部分,是农村重要的公益性基础设施,包括县道、乡道和村道。"

县道是指具有全县(含其他县级行政区划)政治、经济意义,联结县城和县内乡(镇)、重要商品生产和集散地的主要公路,以及不属于国道、省道的县际间的主要公路。

乡道是指主要为乡(镇)内部经济、行政服务的公路,以及不属于县道及以上公路的乡与乡之间和乡与外部联络的公路。

村道是指直接为农民群众生产、生活服务,不属于乡道及以上公路的建制村与建制村之间和建制村与外部联络的主要公路。

2. 我国农村公路的通达、通畅标准

为了保证农村地区的社会经济活动顺利进行,为广大农民的生产生活服务,我国规定农村公路的通达与通畅应达到如下标准。

(1) 通达路线标准。乡(镇)通达路线的路面宽度须不小于 3.5 m,建制村通达路线的路面宽度须不小于 3.0 m,且路面类型均需保证可晴雨通车。

(2) 通达位置标准。乡(镇)、建制村的通达路线应通至下列位置之一:①穿越乡(镇)政府和村委会所在的居民聚居区域;②通至乡(镇)政府或村委会、学校、敬老院、公共医疗机构;③通至乡(镇)政府、建制村辖区内人口较多的或村委会所在的居民聚居区域边缘,并与聚居区域内部的一条道路连接。

(3) 通畅标准。在通达的基础上铺装沥青、水泥、石质、砖铺、混凝土预制块等硬化路面。

3. 我国农村公路的现状

(1) 技术等级情况

我国公路的技术等级分为:高速公路、一级公路、二级公路、三级公路、四级公路以及等外公路几个层次。各技术等级公路所对应的适应交通量如表 2-1 所示。

表 2-1　我国公路的技术等级划分及适应交通量

公路等级	适应交通量(mt/d)	适应交通量(pcu/d)
高速公路(八车道)	—	60 000～100 000
高速公路(六车道)	—	45 000～80 000
高速公路(四车道)	—	25 000～55 000
一级公路	—	15 000～30 000
二级公路	3 000～7 500	—
三级公路	1 000～4 000	—
四级公路(双车道)	200～1 500	—
四级公路(单车道)	<200	—
等外公路	<200	—

注：mt/d 表示当量中型货车年平均日交通量；pcu/d 表示当量小客车年平均日交通量。

由于在农村公路中，绝大部分公路的日交通量在 1 500 vmt 以下，因此，我国农村公路的技术等级主要为四级公路和等外公路，以及少量的三级公路。全国农村公路通达情况专项调查工作显示，截至 2006 年，农村公路中等级公路里程为 177.6 万 km、等外公路里程为 118.9 万 km，分别占全国农村公路总里程的 60% 和 40%。在等级公路中，四级公路占 80%，且呈现出随行政等级降低，等级公路比重下降、等外公路比重上升的特点。

（2）路面铺装情况

全国农村公路通达情况专项调查工作显示，截至 2006 年，在我国农村公路中，沥青水泥路面（有铺装路面、简易铺装路面）里程为 102.7 万 km，占全国农村公路总里程的 34.6%；未铺装路面里程为 193.8 万 km，占全国农村公路总里程的 65.4%。可以看出，我国农村公路大部分为未铺装路面的公路以及部分沥青水泥路面公路，且呈现出随行政等级降低，沥青水泥路面里程比重下降、未铺装路面里程比重上升的特点。

2.1.2　国外对农村公路的界定

1. 低交通量公路

为厘清各级政府部门职责、加强公路有效管理，世界各国都按照一定的原则对公路网进行分级管理，但不同国家的分级标准不同。

美国按照行政等级把公路划分为联邦资助公路系统、州公路系统和地方公路系统，按照功能又把公路分为干线公路、集散公路和地方公路。其他很多国家按照行政分级原则把公路分为国道、省（州、邦）道、县乡镇道路。国外公路网与我国农村公路大致对应的部分一般称为县乡公路、地方公路、乡村公路或者叫作低交通量公路（Low Volume Road，LVR），其日交通量通常在 200 辆/d 以下，主要功能是提供基本通达性（Basic Access），以保障农村地区基本生产生活的进行，为当地社会经济发展提供支撑。

2. 农村交通基础设施

世界银行的调查研究表明，在许多国家中，农村人口往往是最为贫困的群体，特别是位于偏僻、交通联系不便地区的农村居民。对于他们而言,最需要的是教育、卫生、集市等社会经济设施以及与外界交通网络实现基本通达性。所谓基本通达性,是指为农村的主要交通方式提供从居住地至各日常生活服务设施的晴雨可通达(All-Season Passability)的出行条件。基本通达性通常由农村交通基础设施的建设来提供保障。

农村交通基础设施(Rural Transport Infrastructure,RTI),指的是供农村地区人口进行步行、非机动交通方式、机动化交通、人力车、畜力车等日常交通活动的农村公路、小路与小径等。其既支撑着村内的交通出行,又为农村提供与外界的交通联系,同时还具有与更高层次路网连接的功能。农村交通基础设施的主要特征如图2-1所示。

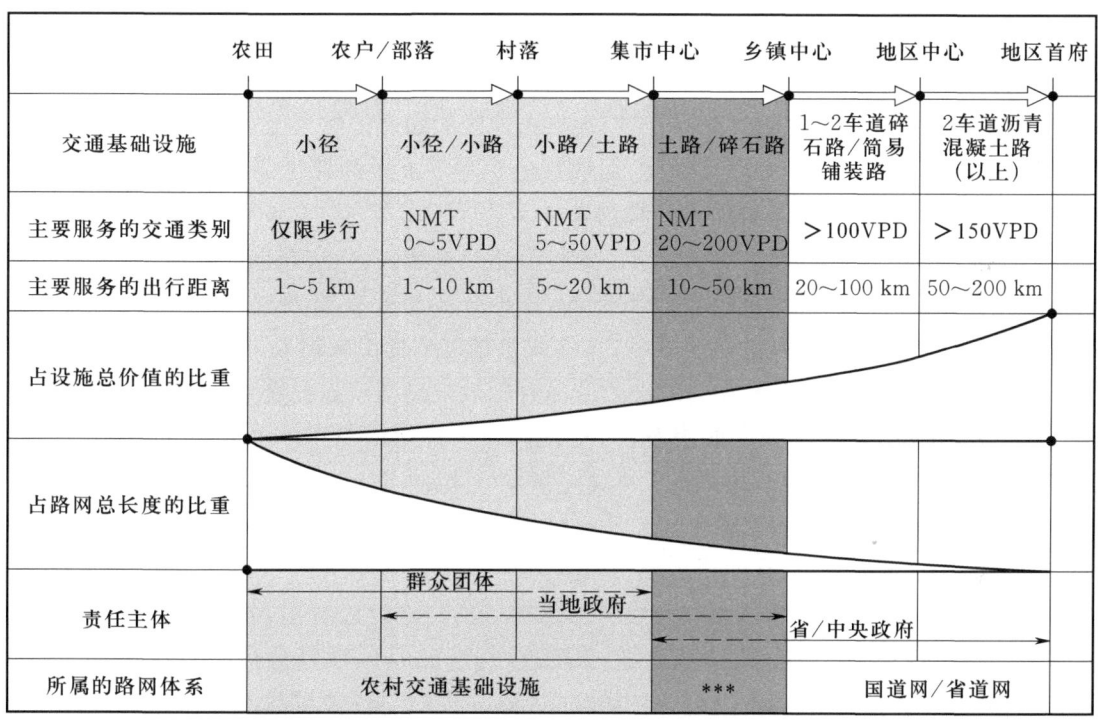

注:NMT表示非机动化交通方式,如步行、自行车、畜力车等;VPD表示日交通量,辆/d;***表示部分属于农村交通基础设施,部分属于省道网。

图2-1 农村交通基础设施的主要特征

综上分析,国内外对于农村公路的概念和性质的认识基本相同,国内外农村公路内涵的异同如表2-2所示。

表2-2 国内外农村公路内涵的异同

国家/机构	中国	美国	世界银行
项目性质	公益性基础设施		
社会功能	服务行政、生产、生活	保障农村地区基本生产、生活	当地教育、卫生、集市等社会经济设施及外界交通网络
经济功能	服务县城、乡镇、建制村	服务当地经济发展	
交通功能	通达通畅	基本通达性	晴雨可通达

2.2 农村公路的特点分析

2.2.1 农村公路的项目特点

从产品和服务的角度进行分析,公路属于比较特殊的准公共产品,是对生产或人民基本生活具有重要基础作用的公共基础设施之一,属于彻底的非营利性项目,通过市场基本上无法解决其资金短缺的问题,这一特点决定了其资金投入必须以政府为主导,且具有政府投资项目的一般特点。

(1) 政府投资项目的产品为非私有品。农村公路作为国家基础设施的组成部分,是国家向人民提供的公共产品。

(2) 农村公路建设的最终目的是使广大农村地区的居民能够享受公共基础设施带来的好处,实现社会公平。从这一角度考虑,对农村公路建设成效的评价需要重视公众反应,了解公众从项目的受益情况及对项目的满意度。

(3) 政府投资项目的效益构成复杂。农村公路建设项目,从宏观层面来看,侧重于经济方面的效益,属于国民经济评价的范畴;然而,国内外的研究表明,农村公路最大的效益为在各个项目影响范围内体现的社会效益,这些效益难以用货币来衡量。

(4) 政府投资项目具有较大的外部效应。外部效应是指项目投资对其他生产者或消费者产生的有利或不利的影响。加快农村公路建设,不仅可以打破农村地区的自然封闭状态,有效地促进农村的资源开发,使广大农村蕴藏的土地、矿产、森林以及旅游等资源潜力转变为现实生产力,而且可以疏通与扩大农村的信息和商品流通渠道,使农村的自然物产和农副产品进入流通领域,从而增加农民收入,提高农民生活水平。

从国内外对农村公路的定义以及农村公路项目的特点可以看出,农村公路是保障农村地区社会经济活动必不可少的基础设施。建设农村公路是一项具有社会公益性的公共事业,农村公路所提供的基本通达性服务是维护人类基本的"出行"权益的具体体现。国际食物政策研究所(International Food Policy Research Institute,IFPRI)在题为《中国的公路建设、经济增长与扶贫》的研究报告中表明(Fan Shenggen, Chan-Kang, Connie, 2005):低等级公路投资在社会收益上要高于高等级公路投资。因此,农村公路建设项目的评价应当以社会评价为重点。

2.2.2 农村公路的交通特性

从国内外农村公路的现状来看,农村公路,特别是服务于乡镇、村庄的农村公路,多数为四级公路以及等外公路。从农村公路的技术等级及其服务的对象来看,农村公路上的交通具有如下特点。

(1) 交通流量低。从农村公路的交通量上看,其日交通量在 200 vmt 以下,具有低流量的特点。

(2) 车速低。从农村公路的技术等级上看,其设计速度不大于 40 km/h;另外,农村公路上非机动交通方式居多,这也决定了其车速低的特点。

(3) 出行距离短。农村公路的服务对象是农村地区居民,这类群体的出行目的大多为乡镇范围内的务农、工作、就学、就医、赶集、探亲访友等,因此,与高等级公路上大量的过境交通相比,其具有出行距离短的特点。根据世界银行的相关研究,农村公路上的出行距离通常在 50 km 之内。

(4) 混合交通方式。在我国大多数农村地区,出行方式既有步行、畜力车、人力车、自行车等非机动交通方式,也有客车、货车等机动化的交通方式。因此,采用混合交通出行方式,是农村公路交通的一个主要特点。

(5) 运输强度不大,但数量众多。国内外的农村公路运输统计表明,尽管农村公路上的运输强度与高等级道路相比是很低的,但是农村公路的里程数在任何国家和地区都是最多的,这体现了农村公路的"毛细血管"作用。

分析国内外农村公路的技术等级及交通特性可以发现,农村公路具有交通量水平低的特点。此外,由于农村公路建设项目的工程规模都较小,因此不具有大型交通基础设施的后向效应,由此也决定了高等级公路后评价中的财务评价、国民经济评价以及环境影响评价并不是进行农村公路建设项目评价的关键因素。

2.3 农村公路项目的评价内涵分析

公路建设项目成效评价始于美国,而将农村公路建设项目成效评价积极推进并向全世界推广的是以世界银行为代表的国际金融组织,故世界银行评价标准和内容应成为农村公路建设项目影响评价的基本价值取向;同时,在我国开展社会主义新农村建设阶段,这种具有特殊性、阶段性、时效性的战略部署也应成为构建农村公路建设项目影响评价价值观的目标导向。

2.3.1 基于世界银行视角的评价内涵

Robert Chambers 在其著作《农村发展——将最后的放在第一》中提到:"由于地理、信息上的隔绝而造成的与外界缺乏交流、沟通是造成贫困的主要原因。"世界银行的相关研究表明,在交通不便、缺乏与外界联系的必要基础设施的地区,贫困现象普遍存在,并且其程度要比交通情况相对较好的地区更为严重。例如,尼泊尔贫困人口数量占到全国总人口数量的 42%,在交通不便的地区,贫困率更是达到 70%;在不丹,建设了农村公路的地区的女童入学率是没有建设农村公路地区的 3 倍。

世界银行研究认为,农村地区的发展需要农村地区生产部门和社会与经济服务部门的共同进步,又依赖于基础设施的完善(图 2-2),而通达通畅的农村交通无疑是支撑、沟通、联系农村各产业部门、各社会与经济服务部门、各类基础设施所必不可少的。因此,解决农村地区的交通与出行问题是消除农村地区贫困的关键。

目前,在我国的许多农村地区,特别是中西部地区以及部分沿海省份的山区,农村交通基础设施较为缺乏。一些已建成的农村公路,由于达不到国家的公路建设标准,同时缺乏

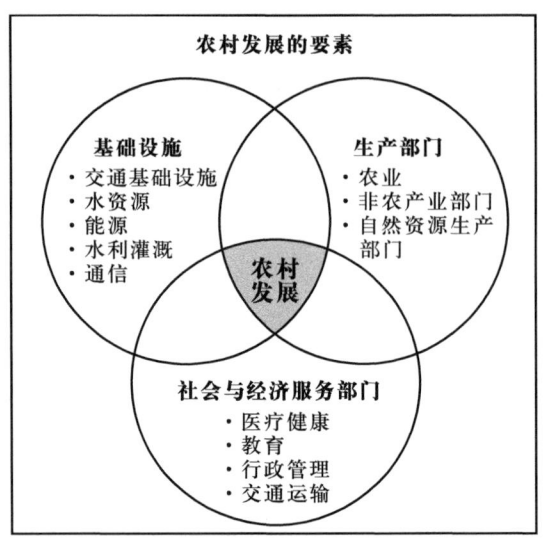

图 2-2　农村发展的影响因素

必要的养护,无法达到晴雨可通达的要求,严重制约了当地人民对于教育、卫生、集市、能源、水电等社会经济服务与资源的利用,从而造成了上述农村地区贫困的产生与加剧。因此,改造建设农村公路,改善农村交通基础设施状况,提高农村地区交通的服务水平,为农村地区的发展提供必要的通达通畅保障,是消除农村地区贫困、提高农村地区居民生活水平的关键。

2.3.2　基于社会主义新农村视角的评价内涵

我国是一个农业与人口大国,"农村、农业、农民"始终是我国社会经济发展的重中之重。我国与西方发达国家的国情不同,这也决定了我国的农村公路建设与发展具有更加深远的意义。

建设经济繁荣、设施完善、环境优美、文明和谐的社会主义新农村,是党中央、国务院解决"三农"问题的重大战略措施。党的十六届五中全会审议通过《中共中央关于制定国民经济和社会发展第十一个五年规划的建议》,明确提出了建设社会主义新农村的重大历史任务,并概括为"生产发展、生活宽裕、乡风文明、村容整洁、管理民主",其具体内涵可简述如下。

生产发展:推进现代农业建设。大力提高农业科技创新和转化能力;加强农村现代流通体系建设;稳定发展粮食生产;积极推进农业结构调整;发展农业产业化经营;加快发展循环农业。

生活宽裕:促进农民持续增收。拓宽农民增收渠道;完善对农业和农民的直接补贴政策;加强扶贫开发工作。

乡风文明:加快发展农村义务教育;大规模开展农村劳动力技能培训;繁荣农村文化事业;创建和谐家庭、和谐村镇。

村容整洁:加快农村能源建设;加强村庄规划和人居环境整治;改善农村环境卫生。

管理民主:加强农村基层组织建设;健全村党组织领导机制,完善村务公开和民主议事制度。

从社会主义新农村建设的内涵可以看出,作为农村地区社会经济各项事业全面发展的保障,在我国,农村公路建设的作用不仅仅是消除贫困,其更重要的作用在于促进农村社会经济发展、推进农业现代化发展、全面提高农民的生活质量。因此,与世界银行相比,我国农村公路建设的评价具有更加丰富的内涵。当然,二者的评价内涵并不矛盾,因为消除贫困、缩小城乡贫富差距是我国发展经济,构建社会主义和谐社会的首要任务。

2.3.3　复合评价内涵分析

世界银行的研究经历了丰富的项目检验,普遍适用于世界各地的农村公路扶贫项目。而建设社会主义新农村作为我国在特殊历史时期的重要政策,其内涵具有明显的时效性、阶段性和特殊性。究其实质,都是希望通过农村公路的建设对农村经济社会发展产生影响,通过在农村地区交通、社会、经济、农业等部门发展中取得的成果,最终提高农民的生产生活水平。只不过,社会主义新农村建设的内涵赋予了对农村与农业发展更多的关注,可通过农业产值、农业产值结构、农作物播种面积、农业机械水平、促进乡镇企业发展、促进农村个体经济发展、繁荣农村商品市场、吸引投资、促进矿业资源开发、促进旅游资源开发、促进农村信贷发展等指标来体现。综合考虑,在评价指标体系的构建过程中,需要依据世界银行所遵循的普适评价内涵,并辅以社会主义新农村建设的要求,构建适合我国国情的农村公路建设项目影响评价指标体系。

第 3 章

农村公路项目效益与影响的生成机理

3.1 农村公路的功能

3.1.1 通达性的定义与分类

国内外对农村公路的定义表明,农村公路的主要功能是保障农村地区与外界的社会经济联系,为农村地区居民提供生活所需要的通达性。世界银行的有关研究将通达性划分为四个等级,并作了如下定义。

无通达(No Access):无论何种天气或季节情况,在距农户或村庄 1~2 km 的距离范围内,任何机动车均无法通达。

部分通达(Partial Access):在某些特定的季节(如雨季),机动车无法通达,而在其他时间段内则可以通达。

基本通达(Basic Access):强调以最低的项目投资成本为农村地区保障必需的全天候(极端恶劣天气除外)通达交通,这符合世界银行推荐的标准。

完全通达(Full Access):达到贷款国家的某类公路建设标准,能提供晴雨通车的,具有较高服务质量的通达交通。

根据世界银行贷款福建省农村公路改建项目的目标与要求,到 2010 年福建全省的建制村基本实现通达公路路面硬化的目标,农村公路改建后,县道达到三级标准,乡村道达到四级标准,为农村地区居民提供基本通达及以上标准的通达性。

3.1.2 农村公路与通达性的实现

世界银行交通经济、政策与贫困问题研究机构的研究认为,农村地区消除贫困的关键在于提高农村地区的通达性,为实现上述目标可从下列三个方面入手(图 3-1)。

(1) 改善农村交通基础设施,提升农村交通的通达能力。在农村公路改建项目实施之前,农村公路大多是土路、机耕路、砂石路,农民出行十分艰难,甚至存在许多安全隐患。农村公路建设项目提高了农村公路的技术等级与路面铺装率,使农村公路满足晴雨通车的标准,提升了农村地区的通达能力。

第 3 章 农村公路项目效益与影响的生成机理

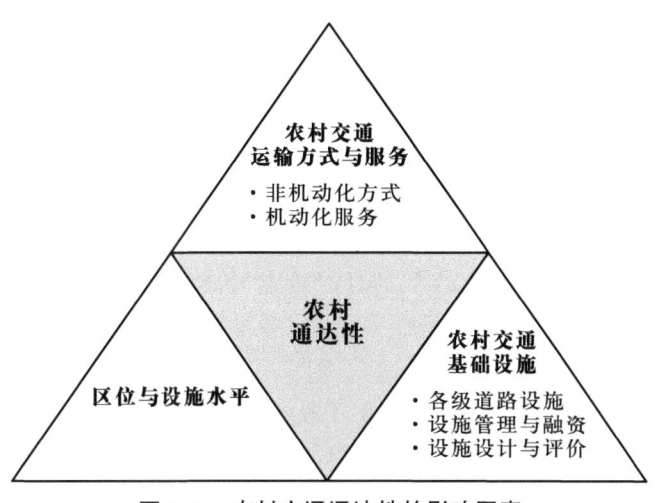

图 3-1　农村交通通达性的影响因素

(2) 提高农村交通服务水平,改善农村居民出行的交通运输方式。为农村地区广大居民提供其价格承受范围内的客运交通方式,对于提高农村居民的机动性,增强其获得社会服务的能力与机会具有非常重要的意义,能够使其获得更好的教育资源与医疗卫生服务。良好的农村客运服务,对于农民与外界加强交流、获取信息、探亲访友等活动也大有裨益。

(3) 改善农村日常生活服务设施的区位与设施水平。世界银行的相关研究表明,农村地区居民在其日常活动中,用于交通活动的时间非常多,耗费了大量的时间和精力,因而降低了其工作和劳动的效率。因此,同改善农村地区交通一样,在农户周边提供学校、卫生所、取水设施等日常生活服务设施,可以增强农村地区通达性,从而提高农村居民到达日常生活服务设施的便捷程度。

3.2　农村公路项目建设成效的产生机理分析

从农村公路在公路系统中所起的作用来看,农村公路是公路网中层次最低的集散和联络通道,主要连接县(市)、乡(镇)、村等行政区和其他交通发生地,汇集地方交通,同时与干线公路相连通,具有为干线公路提供交通量的汇集与疏散的功能。与其他运输方式相比,公路运输具有机动、及时、灵活、直达的特点,因而成为最契合农村地区交通需求面广与门对门交通服务需求量大的运输方式。

3.2.1　对交通发展的影响

(1) 改善农村交通设施,提高公路覆盖程度与通达程度。农村公路建设提高了农村的通达性,提高了农村地区公路网密度,增加了农村公路网的通达深度,使农村与社会经济服务设施、农村与农村之间、农村与外界之间的联系更加方便、紧密。

(2) 提高公路服务水平,改善农村居民出行方式。农村公路建设增强了农村公路的服务水平,缩短了农村地区居民的出行时间;农村公路建设提高了农村公路的技术等级与路面铺装率,进而促进了农村客货运输供给水平的提高,并对农民出行方式的进步与出行机动化程度的提高产生积极作用。

3.2.2 对经济发展的影响

(1)为农村地区经济发展提供保障。农村地区地域广阔,地理条件复杂,人口居住、生产活动分散,生产生活产品种类繁多,且具有数量大、价格低、鲜活性、易腐性等特点。这导致了农村客、货运输需求灵活多变,呈现多点式、多批次、运距短等特性。公路交通机动灵活,直达性好,可以实现门到门服务,通达范围广,可以连接农村与城镇、产地与销地,服务于生产和生活,具有其他运输方式无法比拟的优势,因此成为农村的主要运输方式。农村公路作为农村公路交通的基础设施,对农村地区的经济发展具有先导性、基础性和保障性作用。

(2)促进现代农业发展。在大部分农村地区,农业资源与生产力分布不均,在交通条件不佳的情况下,限制了资源的加工、配置和利用程度,同时增加了生产成本,降低了农业生产效益。农业生产成本中,运输费用占据重要部分,农村公路的建设可以改善农村地区的交通状况,最大限度地降低农业资源和生产资料的运输费用,实现农业生产的低投入、高产出,从而提高农业生产的效率和效益,发展高效农业。

(3)促进农产品产量的提高。农村公路的建设缩短了农民去往他们从事耕种劳作的土地的时间,同时农民可以方便地增加对土地的肥料投入,从而促进土地增产,达到农业用地增值的效果。

(4)促进农产品结构合理化。农村公路建设将农村与市场联系起来,促进了农业生产中经济作物种植比例的提高,从而使得商品率高、附加值大、创汇多的农产品产业不断发展,鲜活农产品大量增加,最终提高农民的收入。反过来,伴随着农产品结构的变化,对农村公路交通的时效性、便捷性、安全性的要求也大幅提高。

(5)促进农村产业布局与结构合理化。发展农村公路,对于我国农村现代化进程中调整产业结构、优化产业布局、促进生产分工有至关重要的作用。

首先,农村公路的发展为农业生产区域化创造了有利条件。农业区域专门化必须满足两个基本要求,即:充分的农产品供应,无论生产什么都能得到供应的满足;有利的销售市场,通过市场得到专业化生产的要素、销售专业化生产的商品。这二者都必须通过交通运输来实现。

其次,农村公路促进了乡镇企业的迅速发展。乡镇企业在广大农村地区的迅速崛起,是中国改革进程中的一大创造,其发展大多是从本地资源开发和为农业生产进行简单加工起步。借交通之便而兴旺发达的企业,以及受交通制约而关闭停产的企业不乏其例。另外,进一步改善农村交通条件,才能促使城市大工业为利用农村廉价劳动力而将一些配套产品生产扩散到乡镇企业或农业生产基地,进一步带动农村地区乡镇企业的发展。

(6)降低交通运输成本,提高农村地区的交易效益。农村公路建设增强了农村的通达性，缩短了出行时间且降低了客货车辆的运输成本，这种成本上的节约，提高了农村地区的交易效益，从而使农民的收入增长，这是道路改善对经济发展产生的最直接影响。

（7）促进农村地区资源开发。农村公路的建设方便了农村当地资源的运输，从而使得资源的价格优势得到了充分发挥，使以前没有通路地区丰富的储藏资源得到了开发。例如，矿业资源、旅游资源等。

（8）提高农村招商引资能力。农村公路极大地改善了农村地区的交通环境，优化了农村地区的投资环境，从而对提高吸引力、增加外界的投资力度有着重要的影响；同时也间接影响着对外贸易的发展。此外，农村交通条件的改善，可以使原来地处农村地区的乡镇企业增加与外界交流的机会，在国内外相关企业加深对其了解的同时，更多地吸引外资、扩大发展。

3.2.3 对社会发展的影响

（1）改善农村地区的教育、卫生条件。农村公路的建设使得农村学龄儿童可以更加方便地就学，教师也因为交通条件的改善而更加愿意留在农村学校，而且城里的优秀教师资源也可以方便地来往于农村学校和城市学校，使得农村教育水平得以提升。农村公路的建设使得农民就医条件得到了极大的改善，提升了医疗服务的覆盖率，既改善了医疗服务方式，也改变了群众的就医习惯。

（2）改善农民就业条件。农村公路的建设为农村劳动力创造了持续的、具有相当规模的、直接和间接的就业机会。农村公路的建设施工、材料采集加工、运输等环节能吸纳大量劳动力；农村公路建成后，公路养护与其带动的相关产业的发展也能吸纳大量的农村劳动力。随着农村公路的迅速发展，还将为农村劳动力创造更多就业机会。交通运输条件是决定人口流动速度、范围和人口分布的主要因素，农村公路的建设缩短了城乡之间的通行时间，加强了城乡联系，使得农村剩余劳动力可以方便地进入附近城市务工、就业，从而加速了农村剩余劳动力的转移。

（3）促进农民思想观念转变。农村公路的建设加快了农村信息传播和对外交流，改变了农民群众传统的生产生活方式和思想观念，使得农民的信息沟通渠道更畅通，提高了农村社会的文明程度。

（4）有利于农村地区妇女权益的保障。来自世界银行的多项调查研究表明，农村公路的建设，对于提高农村地区适龄女童的入学率，改善农村地区妇女的健康状况有着极大的促进作用，也保障了妇女应得的各项社会权益。

（5）加快农村城镇化进程。发达的农村公路网络，保证了资源的均衡流动，进一步加快了强市、强县和强村的建设，同时也将进一步发挥以强带弱的辐射功能。农村城镇节点的结构得到了优化，农村小城镇建设将会发展迅速。

（6）维护社会公平，实现民族共同进步。农村公路的建设给农民提供了出行条件，从而使他们公平地享受到了发展成果，交通条件的改善使得以前没有路的欠发达地区的经济得到了迅速发展，实现了农民增收脱贫的目标。在少数民族地区，促进了各民族的团结，给少数民族提供了共同进步的机会。

(7) 提高抗灾能力,保障群众生命财产安全。自然灾害对农村地区人民的生产生活具有极大的破坏力,特别是在灾害多发的山区农村以及台风多发地区。农村公路从时间和空间两个维度缩短了农村与外界的距离,不仅能在灾害到来时便于农民迅速转移,同时保障了灾后救济、重建、恢复生产等工作的开展,极大地提高了农村区域政治的稳定程度,使农民能够安居乐业。

3.2.4 对自然资源与环境的影响

(1) 对生态环境的影响。工程的填筑与开挖会破坏原有的植被,减少绿色植物的覆盖面积,造成土壤流失;公路的修建会征用沿线的耕地、林地,造成耕地面积的减少,从而对生态环境与农民生活产生较大的负面影响。然而,如果加强公路沿线的绿化与植物栽种,也会对生态环境的改善产生积极作用。

(2) 对空气环境的影响。污染主要来自车辆尾气的排放和施工扬尘,车辆尾气污染物主要有一氧化碳、氮氧化物、碳氢化物等。道路等级提高,将诱使交通量增加,使得公路沿线空气中的污染物浓度可能随之增加,从而对沿线的居民造成一定的负面影响;但同时,道路路面硬化也会降低粉尘污染,对改善农村空气条件产生正面影响。

(3) 对声环境的影响。道路工程的修建和运营都会产生噪声,如施工过程中的机械噪声、运行过程中车辆发动机以及轮胎与路面摩擦发出的噪声和喇叭声都会对沿线居民产生影响。特别是对于学校、医院等噪声敏感点,噪声的影响尤为明显。因此,应对噪声造成的影响进行考察。

(4) 对水环境的影响。公路建成后,由于公路可能阻隔原有水分的循环,影响地表水和地下水的流通路径,同时由于存在汽车尾气中的微粒、汽车滴漏的燃油及轮胎与路面的磨损物等,当降水形成路面径流时就可能夹带这些有害物排入水体或农田并造成水质变差。

(5) 对社会环境的影响。一方面,农村公路的社会效益是显而易见的;但另一方面,公路建设的征地拆迁可能会影响农村居民的利益,造成负面的社会影响。因此,对被拆迁者和土地被征用者应按照世界银行与国家的规章制度妥善处理;当项目涉及少数民族地区时,应征求少数民族的意愿,若处理不当则会造成严重的社会后果。

综上所述,通过对农村公路建设项目对交通、经济、社会、资源、环境等各社会领域的影响机理分析,农村公路建设成效产生过程可划分为三个阶段:阶段一,为农村提供通达性,改善交通环境;阶段二,促进农村地区经济、农业、社会服务等各方面的发展,并与环境协调发展;阶段三,在实现上述两个阶段任务的基础上,最终保障促进农村地区社会经济的全面和持续发展。农村公路建设成效生成机理图如图 3-2 所示。

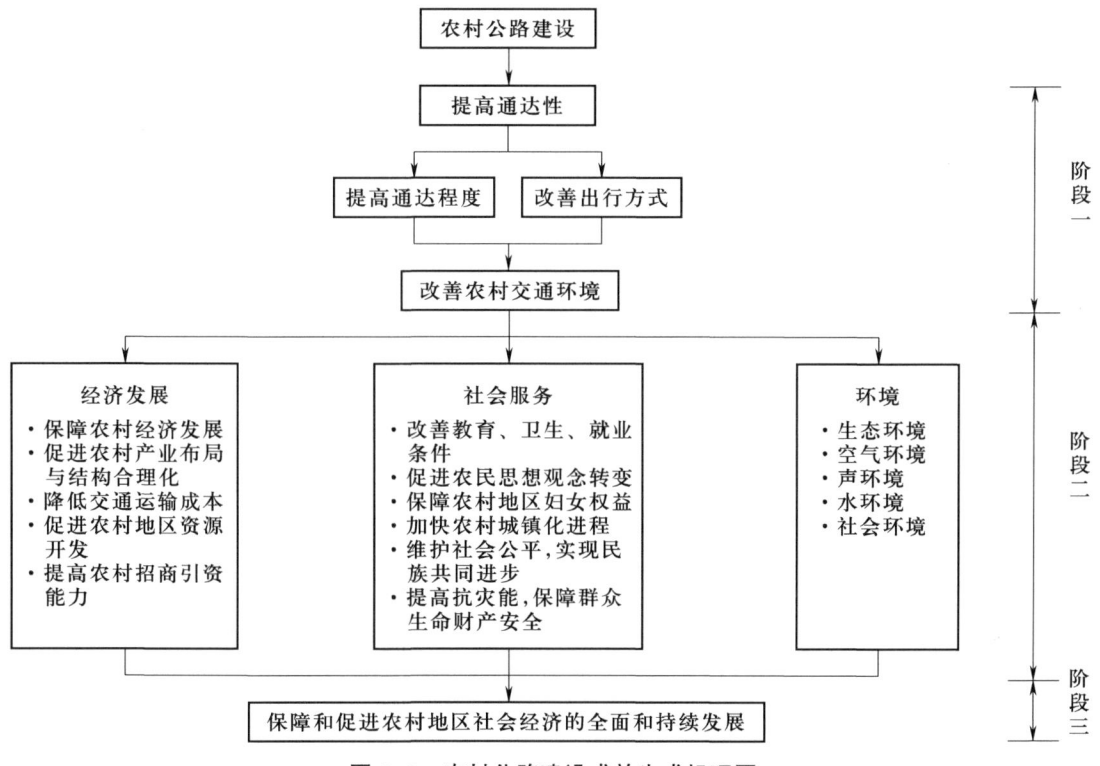

图 3-2　农村公路建设成效生成机理图

3.3　世界银行视角下的成效评价指标分析

从农村公路对农村地区发展的作用机理出发,结合世界银行以"消除贫困"为宗旨的评价视角,本书认为:世界银行视角下的农村公路建设成效评价指的是测定某一区域一段时间以来农村公路建设对当地经济社会产生的影响,衡量农村公路建设对农村地区贫困消除目标所作的贡献,并可具体化为消除贫困的前提、消除贫困的基础、消除贫困的能力以及消除贫困的效果四个方面,涉及农村地区中的交通、社会、经济、环境等多个领域。

1. 消除贫困的前提

农村公路在发挥广泛社会效益的同时,应尽量减少其对资源、环境以及农民生活所产生的负面影响。农村公路的建设目的是消除农村地区的贫困,因此,应将农村公路建设所带来的负面影响降至最低。可通过下列指标来体现:排水设施设置情况、公路硬化里程比例、总烃量、一氧化碳排放量、二氧化氮排放量、等效声级、道路绿化率、耕地占用情况、废方率、项目改建率、水土流失情况、森林退化情况等。

2. 消除贫困的基础

农村公路建设的最基本目标,即农村公路的覆盖情况、通达性情况及服务水平,是农村公路建设水平、状态以及其对消除贫困所起到的支撑作用的最基本的表现。可通过下列指标来体现:公路网密度、公路网连通度、等级公路里程率、路网容量、贫困地区通达率、道路封闭时间、公路通乡率、公路通村率、等级公路通乡率、等级公路通村率、通乡公路硬化率、通村公路硬化率、交通量、出行时间、出行方式、出行次数、客运班线开通率、客运平均日发班次、客运费用、货运费率、拥挤程度、到乘车点所需时间、安全设施完备率、安全设施种类、安全设施数量等。

3. 消除贫困的能力

农村公路建设引起的农村地区农民就业、教育、医疗以及农民思想观念等各方面的变化为消除农村地区贫困起到了支撑与保障作用,即农村地区促进居民就业和智力开发、提升健康状况和思想观念等将产生自身消除贫困的能力。可通过下列指标来体现:每户农业就业人口数、每户非农业就业人口数、就业结构、项目施工期对当地就业改善程度、适龄儿童入学率、适龄儿童按性别入学率、对农民就医习惯的改变、患病率、师生通勤的时间变化、教育资源整合情况、接受教育年限、改善就学方式情况、到达最近医院所需时间、医院覆盖率等。

4. 消除贫困的效果

农村公路建设为消除贫困所带来了车辆运输成本降低、农民收入增加、农产品产量提高、保障农民生命财产安全等各项直接的生产生活效果。可通过下列指标来体现:运输费用节约效益、减少货物在途时间效益、节约旅客在途时间效益、减少货损的效益、减少事故的效益、减少拥挤的效益、缩短里程效益、农产品产量、农民人均纯收入、收入结构、农民人均消费性支出、恩格尔系数、贫困率、交通事故率、交通事故死亡率等。

3.4 社会主义新农村视角下的评价指标分析

世界银行农村运输课题小组(Paul Starkey, Simon Ellis, John Hine, Anna Ternell)的研究表明,落后的运输条件制约了社会经济发展,并进一步导致农村贫穷,较好的运输服务有助于刺激经济活动和社会发展,有助于提高农村地区的通达性并形成良性循环,以减少贫困并改善落后的农村地区的生活条件。

农村公路是广大农村地区最主要甚至是唯一的交通方式,是农村经济社会发展的主要基础设施,也是其他农村基础设施建设的前提和基础。对农村公路的地位与作用进行分析可以看出,农村公路的建设极大地改善了农村交通面貌,改善了农民出行条件,有力推动了农村经济发展、农业结构调整、农民持续增收、村容村貌改善。农村公路对社会主义新农村建设的作用如图 3-3 所示。

通过上述分析可以看出,虽然社会主义新农村建设与世界银行对农村公路建设成效的内涵理解不尽相同,但其实质都是希望通过农村公路的建设对农村经济社会发展施以影响,通过在农村地区交通、社会、经济、农业等部门发展中取得的成果,最终提高农民的生活水平。只不过,社会主义新农村建设的内涵赋予了对农村与农业发展更多的关注,可通过农业产值、农业产值结构、农作物播种面积、农业机械水平、促进乡镇企业发展、促进农村个体经济发展、繁荣农村商品市场、吸引投资、促进矿业资源开发、促进旅游资源开发、促进农村信贷发展等指标来体现。因此,在评价指标体系的构建过程中,可以通过以世界银行的视角为主,并适当辅以社会主义新农村建设视角的思路,确定农村公路建设成效评价指标体系的评价内容。

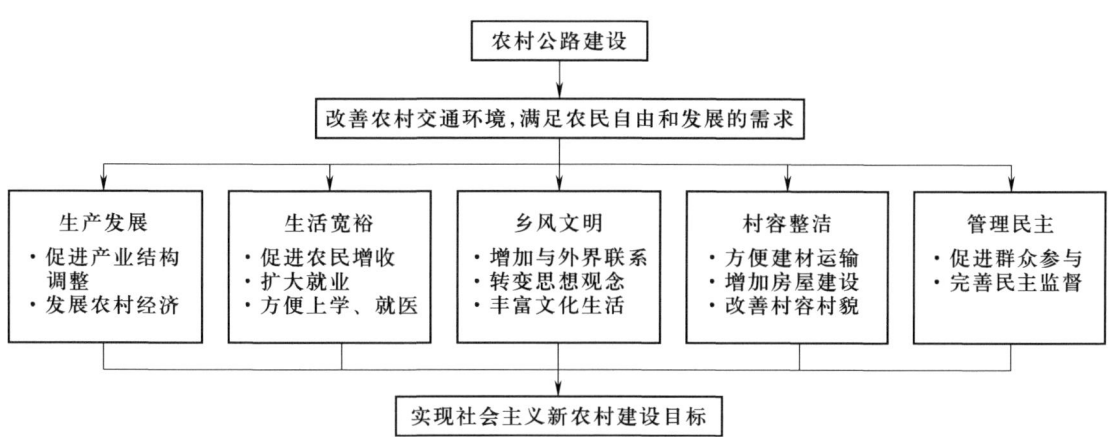

图 3-3 农村公路对社会主义新农村建设的作用

第 4 章

农村公路建设成效评价指标体系的构建

4.1 评价指标体系的构建方法

4.1.1 指标体系的构建方法选择

所谓评价指标体系,是指为综合反映与说明某方面状况而设计的一组具有内在联系的指标。目前,评价指标体系的建立主要有三种方式。

1. 规划性指标体系

规划性指标体系通常是政府利用公共机构的相应分类而建立起来的,如与政府的能源、交通、邮电、城乡环境、教育、文化、司法等机关相对应而建立的指标体系。由于该类指标体系担当着直接为政府提供信息和直接为政府决策服务的任务,因此,它的实践性、应用性都很强。然而,由于规划性指标体系由政府制定,当政府根据一定的政策建立评价指标体系时,这一指标体系常常会被当成解释现行政策的工具。这样一来,它对社会的反映就可能受到政府官员主观意志的限制,从而限制了其对政策的监测、评价功能。

2. 基于因果分析的指标体系

基于因果分析的指标体系多用于社会、环境等方面。该方法认为,人类的社会经济活动同自然环境之间存在相互作用的关系:人类从自然环境取得各种资源,通过生产、消费又向环境排放废弃物,从而改变资源的数量与环境的质量,进而影响人类的社会经济活动,如此循环往复,形成了人类活动同自然环境之间"压力-状态-反应"的关系。

这类指标的优点是较好地反映了社会经济、环境、资源之间的相互依存、相互制约的关系,从而可以根据社会、环境与项目之间的因果关系及影响程度进行评价指标的选取,使得构建的指标与后期的影响评估可以有机地结合起来。但是,对农村公路的效益与影响考察,还有许多内容不存在上述关系。因此,采用该方法构建指标体系会使得相当一部分考察内容被忽略。

3. 基于目标分析的指标体系

基于目标分析的指标体系是指从一个总的或一系列社会目标出发,逐级发展子目标,最终确定各项评价指标。与规划性指标相比,基于目标分析建立的评价指标体系具有明显的、内在的逻辑一致性。

这一方式最常用的方法是目标层次分类展开法,该方法是目标分析法与范围法的综合运用。所谓范围法,就是按评价的主要内容进行分类,然后逐类定出指标,它可随评价内容的增多而扩充,但是缺乏层次性是该方法最大的缺点。将以逻辑思维为核心的目标分析法与范围法相结合,这样在指标体系构建过程中指标的选取就与目标直接相关,从而引入了层次性,使得指标体系的建立可以按照目标-任务-标准和指标的逻辑思路来建立。其中,目标是社会的努力方向,是衡量努力效果的基础,通常没有考虑时间与空间的因素;任务是为解决关键问题所要解决的问题,比目标更加精确;标准和指标是对任务完成情况的衡量和测算。

基于目标分析构建指标体系的优点在于:①其构造的评价指标体系具有较好的全面性,从项目的目标出发分析其内涵,基本上可以涵盖项目建设成效的所有方面;②评价目标与观测指标之间具有良好的逻辑关系,特别适合农村公路这种效益较大、涉及部门多、受益群体广的评价指标体系的构建。但在具体应用中,需注意指标的选取应具有代表性,以确保观测指标能充分反映和体现项目的建设成效,避免某些效益的重复计算。

4.1.2 评价指标体系的建构框架

农村公路建设成效以农民和农村地区的社会经济影响为主,旨在考察农村公路建设对农村地区交通、经济、社会、环境等部门所带来的各方面效益。根据前述有关农村公路建设成效内涵以及指标体系构建方法的分析,设计由一级指标、二级指标以及指标观测点构成的"两个视角、三级层次"的农村公路建设成效评价指标体系框架,如图4-1所示。

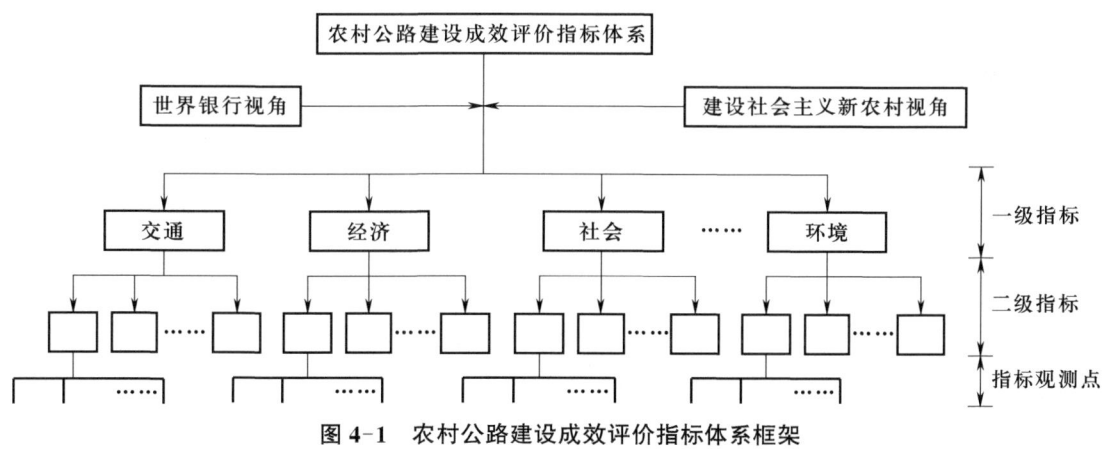

图4-1 农村公路建设成效评价指标体系框架

4.2 评价指标的推演路径

4.2.1 成效的属性分析

交通系统的任何变化,对其本身的功能和其所在地区的社会经济活动都将产生直接或者间接的显著影响。在构建农村公路建设成效评价指标之前,有必要对成效本身的属性进行探讨分析。

M. D. Meyer 和 E. J. Miller 在其编著的《城市交通规划:有关决策的方法》中提到:成效,简单地说,就是投资所希望达到的效果。此处所谓"所希望"是指对使用者、决策者以及项目所在地区所期望目标的比较积极的影响。农村公路建设成效包含多种属性,其分类如图 4-2 所示。

成效可以是直接或者间接的。直接成效是指那些与主要计划或规划目的特别相关的方面,而间接成效在某种意义上是指系统投资的副产品。例如,减少农民出行时间是政府进行农村公路投资向农民提供的直接成效,而由农村公路建设所带来的农村村容村貌方面的改善则是向社会提供的间接成效。

成效可以是有形或者无形的。这是由成效衡量程度的差异产生的。有形的成效,从经济角度来看,是指那些为市场目的能赋予货币价值的,是指那些可以赋予货币价值的成果;或者从广义角度来说,是可以定量叙述表明其某方面的特性。相反,无形的成效则不容易计量。尽管如此,无形成效在系统决策中仍占有重要的地位,应尽可能叙述明确。

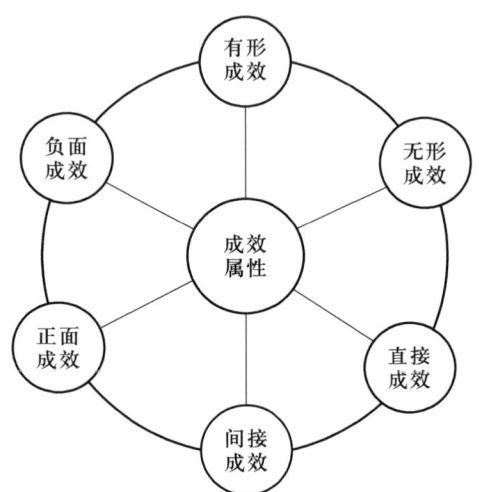

图 4-2　成效的多重属性分类图

成效可以是正面或者负面的。农村公路的建设能提高农民的出行效率、农产品的运输效率,从而产生积极的、正面的效果。然而,农村公路的建设也将不可避免地侵占农田、影响道路周边农民的生活环境,由此可能产生降低某些农民生活质量等负面影响。因此,要用辩证的观点去看待农村公路建设成效,而不是一提及农村公路建设就一定是有益的、正面的,要从整体上把握农村公路建设是否能平衡各方面利益主体的权益。

基于以上对成效属性的分析,鉴于农村公路建设成效的复杂性,本书将采用基于目标分析的目标层次分类展开法推演出备选评价指标体系,再对这些指标从整体上进行分类筛选,最终确定一个既有系统性又不失代表性的、简明有效的农村公路建设成效评价指标体系。

4.2.2　指标观测点的推演流程

农村公路建设成效评价指标观测点的体系的推演过程可分为两个阶段,即指标观测点体系的初步构建以及指标观测点体系的完善。

1. 评价指标观测点体系的初步构建

在一级和二级评价指标产生的基础上,采用目标分析法,根据评价指标的特性以及有关原则,采用专家咨询法和理论分析法进行指标的筛选。专家咨询法是在初步提出的评价指标体系的基础上,进一步征询有关专家的意见,得到备选指标。理论分析法主要是对农村公路的内涵、特征、建设目标以及其成效作用机理进行分析与比较,选择那些重要的发展条件和针对性强的指标,初步构建备选评价指标观测点体系。

2. 评价指标体系的完善

初步构建的评价指标观测点未必令人满意,还需采取如下检验措施对初步构建的指标体系进行完善。

(1) 检验每个指标的数据的可行性和经济性。

(2) 测验每个指标的计算方法、计算范围以及计算内容的正确性。

(3) 对指标体系中指标的重要性、必要性以及完备性进行分析。重要性是指根据各评价指标的重要程度,保留那些重要指标,剔除对评价结果无关紧要的指标。一般可利用德尔斐法对初步拟出的指标体系进行匿名评议。必要性是指对构成指标体系的所有指标从全局考虑是否都是必不可少的,有无冗余现象。若指标体系中存在着高度相关的指标,则会影响评价结果的客观性。因此,必须对指标体系进行相关分析。一般可用极大不相关法来进行分析。完备性是指评价指标是否全面地反映和测度了农村公路的主要特征以及农村公路建设成效的各个方面,一般通过定性分析进行判断。

4.2.3 指标观测点的筛选原则

指标观测点的筛选原则如下。

(1) 明确性原则。指标的本质在于给具体的事物以明确的规定。在确定每个指标时,首先要考虑该指标在整个指标体系中的地位和作用,然后再根据它所反映的研究对象的性质和特征,确定该指标的名称、涵义以及定性或定量的测量方法。

(2) 系统性原则。一般单个指标只能反映评价目标的某一个方面,但选取的所有指标应能够展现农村公路在交通、经济、社会、环境等各领域的影响与效益;同时,又要能反映道路使用者、非使用者和管理者等不同利益相关者,以及农户、农村不同层次全面的、完整的信息。

(3) 定量性原则。人们创造社会目标的目的,就是把复杂的社会现象变成可以度量、计算、比较的数字。因此,最低层次的指标观测点,一定要是可以采用数学手段科学量化和测量的定量指标,只有这样才能起到精确评估项目的影响与效益的作用。

(4) 可比性原则。成效评价中采用的主要评价方法是有无对比、前后对比等试验分析方法。因此,评价指标的选取不仅应确保在地区之间可以比较,而且在同一地区不同的时间上也可比较。

(5) 可操作性原则。指标设置是为分析评价服务的,因此,所选的指标不仅应有明确的涵义,而且是要能够计算或观察感受到的,这样才能在实际工作中应用。即使是在理论上科学合理的指标,如果它不能够被测度,也就没有实际意义。所以,设置评价指标的,还应考虑尽可能利用常规的统计数据和调查方法加以确定,从而保证评价指标的可操作性。

（6）可行性原则。检验每个指标的数值能否获得,那些无法或很难获得准确资料的指标,以及虽然能获得但获取费用很高（高于指标体系本身所带来的社会经济等方面的成效）的指标,都是不可行的。

（7）独立性原则。在设置评价指标时,应注意避免某些效益的重复测算与评价。因此,评价指标所代表的效益应是独立的,不与其他指标反映的成效发生重叠。

4.3 评价指标的推演和筛选

4.3.1 一级评价指标的确定

1. 世界银行视角下的评价目标

世界银行的研究表明,消除农村地区贫困的目标需要农村地区农业生产部门、农村社会与经济服务部门、农村基础设施规划与建设部门等的协同作用,通过共同发展实现消除贫困的目标。

因此,改善交通基础设施,发展农村经济,促进社会服务部门发展是消除贫困需要完成的任务;同时,在建设农村公路、消除贫困的过程中,应注意项目与环境的协调发展。根据上述分析,世界银行视角下的农村公路建设成效应体现交通发展、经济发展、社会发展以及对环境的影响四个方面。

2. 社会主义新农村视角下的评价目标

社会主义新农村建设视角下农村的发展目标要求包括"生产发展、生活宽裕、乡风文明、村容整洁、管理民主"五个方面。基于前文有关社会主义新农村建设目标的内涵分析与阐释,农村发展需要农业、教育、就业、能源、水利、管理等各项工作的进步与完善,而上述工作的开展需要基础设施的完善,农业生产部门、农村社会经济服务部门的发展来实现。因此,在消除贫困、建设社会主义新农村的道路上,虽然世界银行与我国的关注视角不同,但其所采用的手段都是通过建设、完善农村地区的交通环境,发展农村经济,提升农村地区社会服务水平以及减少对环境的负面影响等方面来实现的,二者殊途同归。故对于农村公路建设成效的考察应分析其在交通、经济、社会以及环境等四个方面产生的影响与效益。

根据世界银行与社会主义新农村建设两个视角下的农村公路建设成效评价内涵分析,运用评价指标体系建立的思路与原则,可以建立如图4-3所示的农村公路建设成效评价指标体系结构。

由农村公路评价指标体系结构可以看出,这一评价指标体系反映了世界银行的视角,且兼顾了我国社会主义新农村建设的视角,包含了农村公路建设对农村地区交通、农村经济、社会、环境等影响的各个方面。在农村公路对上述四个方面的影响中,农村公路建设对农村经济的发展以及对社会所产生的影响是最为显著的,也是世界银行最为关注的,因此,应着重对农村公路建设对社会与经济产生的影响进行评价,详细考察农村公路建设取得的各项成效。福建省农村公路建设成效一级评价指标的推演如图4-4所示。

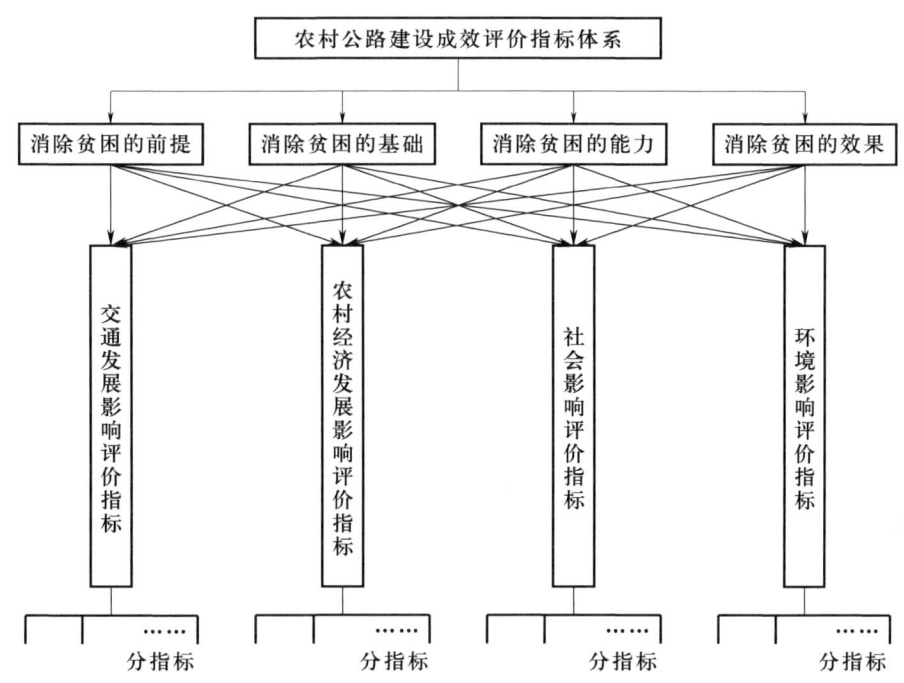

图 4-3 农村公路建设成效评价指标体系结构

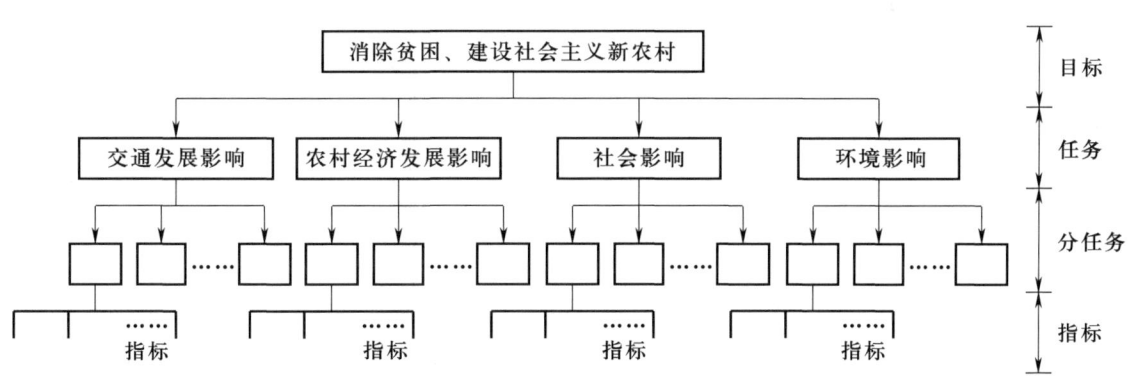

图 4-4 农村公路建设成效一级评价指标的推演

4.3.2 二级评价指标的确定

1. 交通发展影响

国内外众多研究认为,农村公路的主要功能是保障农村地区与外界的社会经济联系,为农村地区居民提供其生活所需要的通达性。这里的通达性是广义上的通达性,指的是供农村地区机动化交通方式、居民步行、人力车、畜力车等日常交通活动不受自然天气影响(极端恶劣天气除外)的通达交通。包括了通达性(可达性)和机动性两方面的功能。而狭义上的通达性指的是从公路网中某一节点到达其他节点的能力,反映的是农村公路触角延伸的深度和广度。机动性指的是从公路网中某一节点到达其他节点的便利程度,体现的是农村公路的服务水平,这种服务水平的高低有赖于所采用的交通方式。

无论是通达性还是机动性,目前,国际上通用的衡量标准都是采用时间、成本(狭义或广义)等指标。这些指标既是农村公路提供的通达性和机动性的本质,又是农村公路建设项目产出在交通上的结果。此外,农村公路建设所产生的在交通安全上的影响历来是国内外进行考察与评估的热点。

通过上述分析,农村公路建设对农村地区交通的发展可从产品与结果两方面进行评估。农村交通状况的改善,是农村公路所提供的产品,应从提高通达性和机动性两方面进行分析,即评价农村公路建设对交通基础设施的改善以及对交通服务水平提高两种影响;而农村公路建设所产生的农村居民客货出行在时间、成本、安全等方面的效益是农村公路的产出结果,它们才是农村公路建设成效的最终形态。交通基础设施、交通服务、交通经济效益与交通安全是评价农村公路建设对农村交通发展影响的四项二级评价指标,如图 4-5 所示。

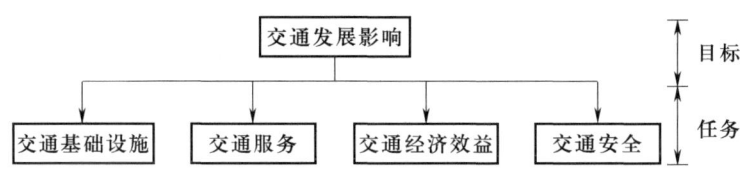

图 4-5 农村公路建设对交通发展影响的二级评价指标推演

2. 农村经济发展影响

在我国广大农村地区,农业仍然是主要产业,是农村地区居民赖以生存和生活的主要手段。农业是发展农村经济、强化社会主义新农村建设的产业支撑。

1993 年,宾斯万格、康德科和鲁森威格通过建立虚拟场景,针对农村交通基础设施对农业发展的影响进行了研究。他们通过前后对比的方法先后对印度 13 个邦的 85 个辖区样本信息进行了排序,结果表明公路基建项目投资促进了农业的发展,包括促进农产品产量增长、提高农业生产中化肥使用率等。世界银行业务评价局(Operation Evaluation Department,OED)在对其援建的摩洛哥第四公路项目(the Fourth Highway Project, Morocco)的社会经济影响评估中,通过考察农村公路对农业生产过程中现代技术的采用以及农业产业结构变化的影响,对摩洛哥农业发展进行了评估,并认为上述两方面是促进农村地区,特别是贫穷落后农村地区农业发展的主要影响因素。

通过上述分析,最终确定采用农村经济总体发展、农业发展,以及二、三产业发展三项指标作为评价农村公路建设对农村经济发展影响的二级评价指标,如图 4-6 所示。

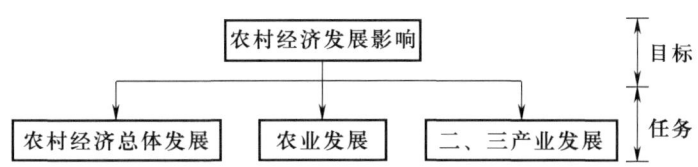

图 4-6 农村公路建设对农村经济发展影响的二级评价指标推演

3. 社会影响

农村公路的社会影响评价,是分析农村公路建设项目对于农村地区社会发展的影响,这种影响既可能是正面的社会效益,也可能是负面的社会效益。世界银行农村运输课题小组研究认为,根据农村公路对农村地区社会经济发展产生作用的途径不同,可将农村公路所体现出来的社会效益划分为收入、贫困、就业、教育、医疗卫生、救急服务、妇女、民族、公众反映、公众参与等方面。因此,参照世界银行的研究成果,本书确定农村公路社会影响评价中的二级评价指标为:收入与贫困、就业、社会公共服务、妇女和民族以及公众反映和参与五项指标,如图 4-7 所示。

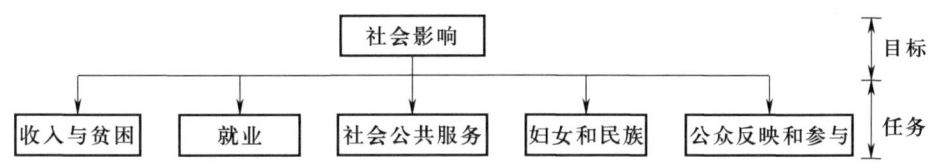

图 4-7 农村公路建设对社会影响的二级评价指标推演

4. 环境影响

由于每个农村公路项目规模均较小,因此农村公路建设对环境与资源的破坏远小于高速公路等大型基础设施、大交通量规模道路对环境与资源的破坏。另外,由于福建省农村公路项目多为改建道路,因此,对自然与生态环境的破坏很小。然而,即便如此,仍有必要对农村公路建设与运营所产生的环境影响进行识别和评价,正确评估农村公路建设可能产生的负面效应,切实维护农民的利益,保障农村地区社会经济的可持续发展。根据《公路建设项目环境影响评价规范》(JTG B03—2006)的规定,并结合农村公路建设的特点,最终选取项目污染控制和生态环境影响二项指标开展环境评价,如图 4-8 所示。

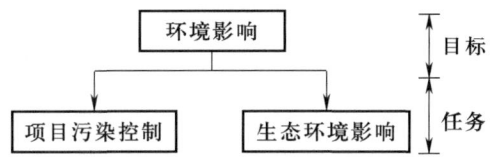

图 4-8 农村公路建设对环境影响的二级评价指标推演

通过对农村公路建设成效交通、农村经济、社会和环境四个一级评价指标的分析,得出农村公路建设成效二级评价指标如图4-9所示。

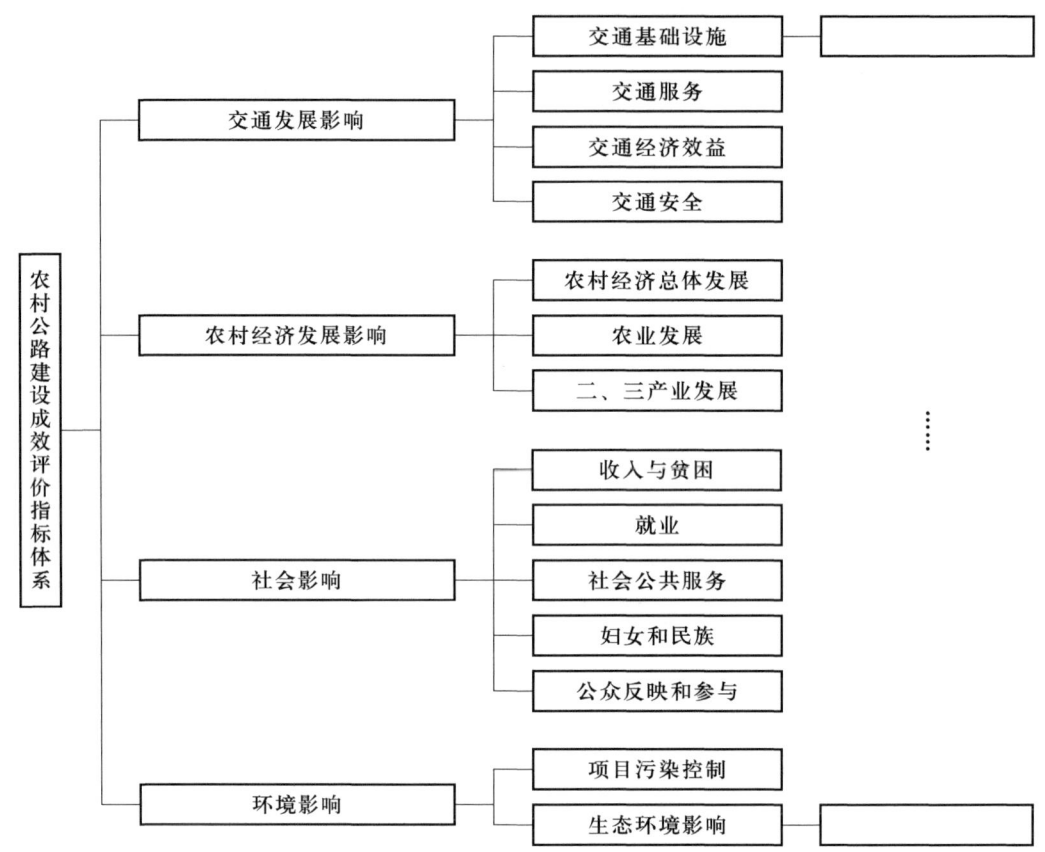

图4-9 农村公路建设成效二级评价指标

4.3.3 指标观测点及指标体系的确定

经过与世界银行专家和福建省交通、农业经济、社会、区域经济等领域专家的探讨,为科学合理地对福建省农村公路建设成效进行系统的总结和评价,以满足世界银行贷款评估的要求,本书构建了福建省农村公路建设成效评价指标体系(世界银行),以及福建省农村公路建设成效评价指标体系(典型项目),分别如图4-10、图4-11所示。

图 4-10 农村公路建设成效评价指标体系(世界银行)

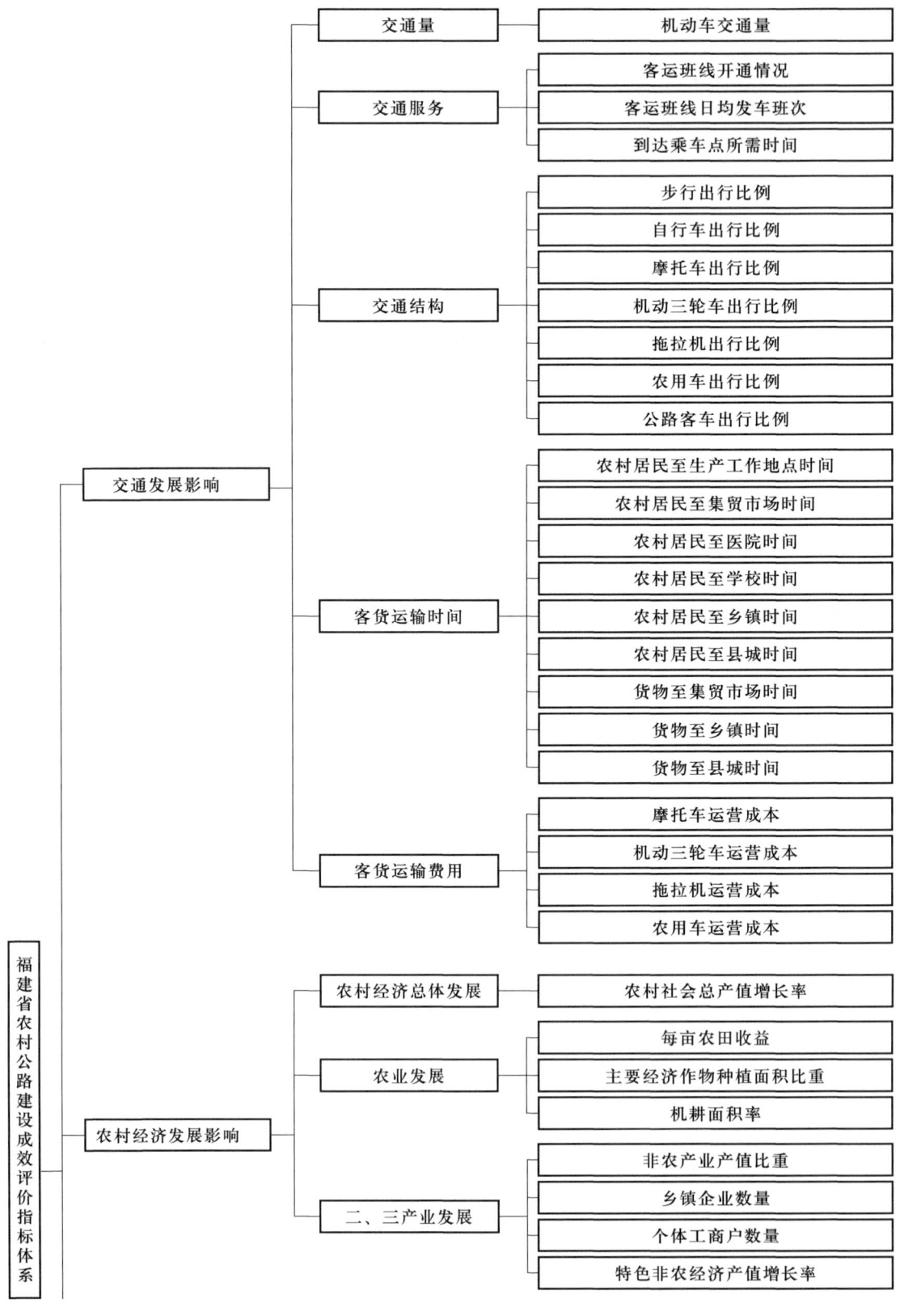

图 4-11 农村公路建设成效评价指标体系(典型项目)

4.4 评价指标的测量方法

科学描述评价指标的测量方法既是项目评估的基础,也是成效资料收集与监测方案设计的依托。因此,应尽量量化各项评价指标,明确调查中应进行的资料与数据收集。

4.4.1 世界银行评价指标体系的量化与考察

1. 交通发展影响评价

农村公路建设成效世界银行评价体系中,反映交通发展影响的评价指标体系,如图4-12所示。

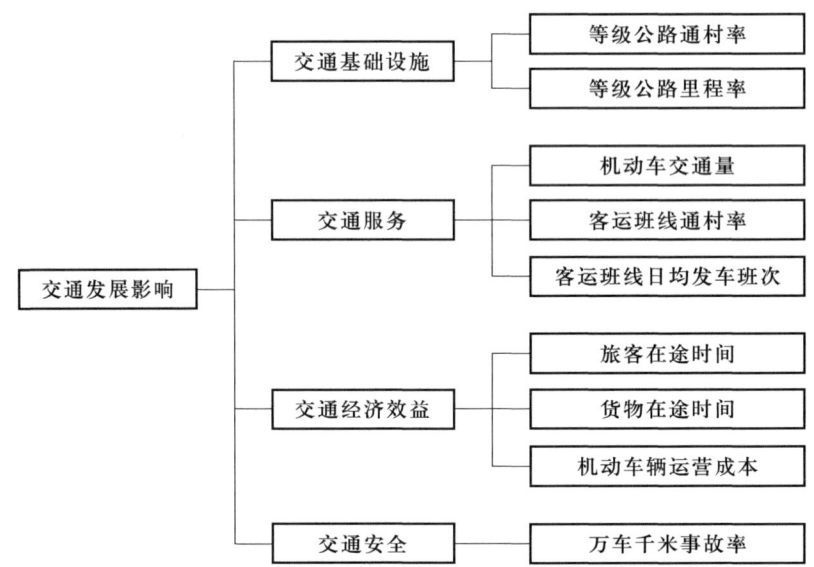

图4-12 交通发展影响评价指标体系(世界银行)

世界银行交通发展影响评价指标体系中各观测点的量化与考察方法如下:

● 观测点1:等级公路通村率 A_N(%)

数据来源:县(市、区)公路网通达情况统计表。

考察方式:前后对比。

量化方法:等级公路通村率指的是全省范围内当年通等级公路建制村数量占全省建制村总数的百分率,即

$$A_N = \frac{\sum_i AC_i}{\sum_i C_i} \times 100\% \tag{4-1}$$

式中 A_N——等级公路通村率,%;

AC_i——某年第i个县(市、区)通等级公路的建制村数量,个;

C_i——某年第i个县(市、区)建制村数量,个。

- **观测点 2：等级公路里程率 D_N（%）**

    数据来源：县（市、区）农村公路里程与建设情况统计表。

    考察方式：前后对比。

    量化方法：等级公路里程率指的是全省范围内当年等级农村公路里程占所有农村公路里程的百分率，即

$$D_N = \frac{\sum_i \sum_{j=0}^{5} DC_{ij}}{\sum_i LC_i} \times 100\% \tag{4-2}$$

式中　D_N——等级公路里程率，%；

　　　DC_{ij}——某年第 i 个县（市、区）j 等级农村公路里程，$j=0,1,2,3,4,5$（分别对应高速、一级、二级、三级、四级和等外公路），km；

　　　LC_i——某年第 i 个县（市、区）农村公路里程，km。

- **观测点 3：机动车交通量 V_N（pcu/d）**

    数据来源：现场交通调查与观测。

    考察方式：前后对比。

    量化方法：通过抽样观测农村公路当日路段上的车辆数，折算成当量小客车交通量；再通过各调查路段交通量的里程加权平均值来计算，即

$$V_N = \sum_i v_i p_i = \sum_i v_i \frac{l_i}{L_N} \tag{4-3}$$

式中　V_N——机动车交通量，pcu/d；

　　　v_i——第 i 个路段上的机动车交通量，pcu/d；

　　　l_i——第 i 个调查路段上的农村公路改建项目里程，km；

　　　L_N——实施调查的农村公路改建项目总里程，$L_N = \sum_i l_i$，km；

　　　p_i——里程权，$p_i = l_i/L_N$。

- **观测点 4：客运班线通村率 B_N（%）**

    数据来源：县（市、区）农村地区客运交通服务情况统计表。

    考察方式：前后对比。

    量化方法：客运班线通村率指的是全省范围内当年已开通客运班线的建制村数量占全省建制村总数的百分率，即

$$B_N = \frac{\sum_i BC_i}{\sum_i C_i} \times 100\% \tag{4-4}$$

式中　B_N——客运班线通村率，%；

　　　BC_i——某年第 i 个县（市、区）开通客运班线的建制村数量，个；

　　　C_i——某年第 i 个县（市、区）建制村数量，个。

- **观测点 5：客运班线日均发车班次 F_B（次）**

    数据来源：县（市、区）农村地区客运班线运营情况统计表。

考察方式:前后对比、有无对比。

量化方法:客运班线日均发车班次指的是在已开通客运班线的建制村中,客运班线平均每天发车次数,即

$$F_B = \frac{\sum_i f_{Bi}}{\sum_i BC_i} \tag{4-5}$$

式中　F_B——客运班线日均发车班次,次;

　　　f_{Bi}——某年已开通客运班线的第 i 个建制村的日发车班次,次;

　　　BC_i——某年第 i 个县(市、区)已开通客运班线的建制村数量,个。

- 观测点 6:旅客在途时间 T_P(min)

数据来源:福建省农村公路建设成效公众调查问卷(世界银行体系)。

考察方式:前后对比、有无对比。

量化方法:旅客在途时间可用抽样调查得到的农户由其居住地到达乡(镇)政府所在地的平均时间来反映,即

$$T_P = \frac{\sum_i t_{Pi}}{N_P} \tag{4-6}$$

式中　T_P——旅客在途时间,min;

　　　t_{Pi}——第 i 个抽样农户由其居住地到达乡(镇)政府所在地的时间,min;

　　　N_P——抽样农户数量,户。

- 观测点 7:货物在途时间 T_C(min)

数据来源:农村公路建设成效公众调查问卷(世界银行体系)。

考察方式:前后对比、有无对比。

量化方法:货物在途时间可用抽样调查得到的农村地区货物由其产地到达集市所在地的平均时间来反映,即

$$T_C = \frac{\sum_i t_{Ci}}{N_P} \tag{4-7}$$

式中　T_C——货物在途时间,min;

　　　t_{Ci}——第 i 个抽样农户将其货物由产地运达集市所在地的时间,min;

　　　N_P——抽样农户数量,户。

- 观测点 8:机动车辆运营成本 C_N(元/km)

数据来源:农村公路建设成效公众调查问卷(世界银行体系)。

考察方式:前后对比、有无对比。

量化方法:通过抽样调查在农村公路上运营的主要车型中机动车辆(分为摩托车、机动三轮车、拖拉机、农用车四种车型)当年行驶单位里程的平均耗油量,并按当时油价折算成机动车辆的运营成本来反映,油价的短期浮动忽略不计,即

$$C_{Nj} = \frac{\sum_i CM_i \cdot P}{n} \qquad j = \begin{cases} 1, & 摩托车 \\ 2, & 机动三轮车 \\ 3, & 拖拉机 \\ 4, & 农用车 \end{cases} \qquad (4-8)$$

式中 C_N——机动车辆运营成本,元/km;

CM_i——第 i 个抽样农户在农村公路上行驶单位里程的耗油量,L/km;

P——当时油价,元/L;

n——抽样调查到的拥有机动车辆的农户总量,户。

- 观测点 9:万车千米事故率 A_{CC}(次/万车 km)

数据来源:农村公路建设成效评价村委会调查问卷(世界银行体系)。

考察方式:前后对比、有无对比。

量化方法:万车千米事故率指的是抽样调查农村公路当年交通事故次数与农村公路上运行的车千米数之比,即

$$A_{CC} = \frac{\sum_i a_{cci}}{L_{RN} \cdot V_{RN}} \times 10^4 \qquad (4-9)$$

式中 A_{CC}——万车千米事故率,次/万车 km;

a_{cci}——第 i 条抽样农村公路当年发生的交通事故次数,次;

V_{RN}——抽样调查农村公路路段上的机动车交通总量,pcu/d;

L_{RN}——抽样调查的农村公路改建项目里程,km。

2. 农村经济发展影响评价

农村公路建设成效世界银行评价体系中,反映农村经济发展影响的评价指标体系如图 4-13 所示。

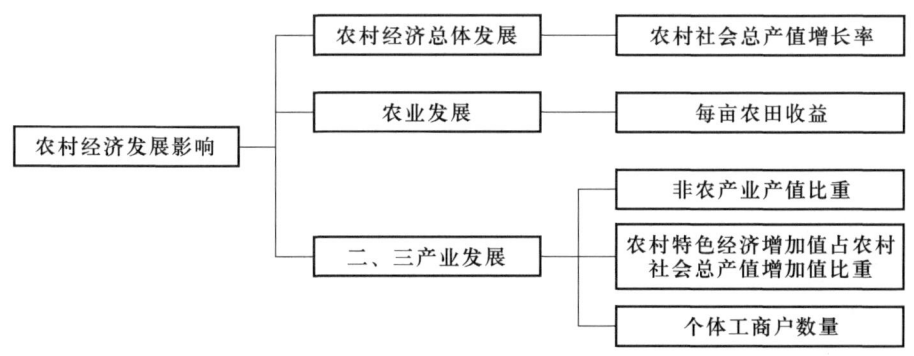

图 4-13 农村经济发展影响评价指标体系(世界银行)

世界银行农村经济发展影响评价指标体系中各观测点的量化与考察方法如下:

- 观测点 10:农村社会总产值增长率 PG_R(%)

数据来源:农村公路建设成效乡镇调查问卷(世界银行体系)。

考察方式:前后对比、有无对比。

量化方法:先通过抽样调查建制村单位时间内农村社会总产值之差与基准年农村社会

总产值的比值,计算出各抽样建制村农村社会总产值增长率,则农村社会总产值增长率可由各建制村农村社会总产值增长率的平均值来反映,即

$$\begin{cases} PG_R = \dfrac{\sum\limits_i pg_{ri}}{N_C} \times 100\% \\ pg_r = \sqrt[n]{PG_n/PG_0} - 1 \end{cases} \quad (4\text{-}10)$$

式中 PG_R——农村社会总产值增长率,%;

pg_{ri}——第 i 个抽样建制村的农村社会总产值增长率,%;

PG_n——抽样建制村考察年农村社会生产总值,万元;

PG_0——抽样建制村基准年农村社会生产总值,万元;

n——单位时间,年;

N_C——抽样建制村数量,个。

● 观测点 11:每亩农田收益 BF(元/亩)

数据来源:农村公路建设成效公众调查问卷(世界银行体系)。

对比方式:前后对比、有无对比。

量化方法:先由抽样调查农户当年农业作物总收益与总耕地面积之比,计算出每个抽样农户当年每亩农田收益,则每亩农田收益可通过各农户当年每亩农田收益的平均值来反映,即

$$BF = \dfrac{\sum\limits_i (bf_i/ar_i)}{N_P} \quad (4\text{-}11)$$

式中 BF——每亩农田收益,元/亩;

bf_i——第 i 个抽样农户当年农业作物总收益,元;

ar_i——第 i 个抽样农户当年总耕地面积,亩;

N_P——抽样农户数量,户。

● 观测点 12:非农产业产值比重 PIS_R(%)

数据来源:农村公路建设成效乡镇调查问卷(世界银行体系)。

对比方式:前后对比、有无对比。

量化方法:先通过抽样调查建制村当年非农业部门产值占农村社会生产总值的比重来计算每个抽样建制村的非农产业产值比重,则非农产业产值比重可通过各建制村非农产业产值比重的平均值来反映,即

$$PIS_R = \dfrac{\sum\limits_i (pis_i/pg_i)}{N_C} \times 100\% \quad (4\text{-}12)$$

式中 PIS_R——非农产业产值比重,%;

pis_i——某年第 i 个建制村非农业部门产值,万元;

pg_i——某年第 i 个建制村社会生产总值,万元;

N_C——抽样建制村数量,个。

- **观测点 13：农村特色经济增加值占农村社会总产值增加值比重 PF_Δ（%）**

  数据来源：农村公路建设成效乡镇调查问卷（世界银行体系）或福建省农村公路建设成效评价村委会调查问卷（世界银行体系）。

  考察方式：前后对比、有无对比。

  量化方法：先通过抽样调查建制村单位时间内农村特色二、三产业增加值占农村社会总产值增加值的比重，计算出每个抽样建制村农村特色经济增加值占农村社会总产值增加值的比重，则农村特色经济增加值占农村社会总产值增加值的比重可由各建制村特色经济增加值占农村社会总产值增加值比重的平均值来反映，即

$$PF_\Delta = \frac{\sum_i \left(\frac{PF_n - PF_0}{PG_n - PG_0} \right)_i}{N_{Cf}} \times 100\% \tag{4-13}$$

式中　PF_Δ——农村特色经济增加值占农村社会总产值增加值比重，%；

　　　PG_n——抽样建制村考察年农村社会生产总值，万元；

　　　PG_0——抽样建制村基准年农村社会生产总值，万元；

　　　PF_n——抽样建制村考察年农村特色产业产值，万元；

　　　PF_0——抽样建制村基准年农村特色产业产值，万元；

　　　N_{Cf}——抽样得到的具有农村特色产业的建制村数量，个。

- **观测点 14：个体工商户数量 MC（人/村）**

  数据来源：农村公路建设成效评价村委会调查问卷（世界银行体系）。

  考察方式：前后对比、有无对比。

  量化方法：通过抽样调查建制村当年平均拥有的个体工商户人数来反映，即

$$MC = \frac{\sum_i P_{mci}}{N_{Cb}} \tag{4-14}$$

式中　MC——个体工商户数量，人/村；

　　　P_{mci}——第 i 个抽样建制村的个体工商户人数，人/村；

　　　N_{Cb}——抽样得到的拥有个体工商户的建制村数量，个。

3. 社会影响评价

农村公路建设成效世界银行评价体系中，反映社会影响的评价指标体系如图 4-14 所示。

世界银行社会影响评价指标体系中各观测点的量化与考察方法如下：

- **观测点 15：农民人均纯收入 IC（元/人）**

  数据来源：农村公路建设成效公众调查问卷（世界银行体系）。

  对比方式：前后对比、有无对比。

  量化方法：先由抽样调查农户当年纯收入（是指农村居民家庭总收入中扣除从事生产和非生产经营的费用支出、缴纳税款、上交承包金额后所剩余的部分）与该农户户籍人口之

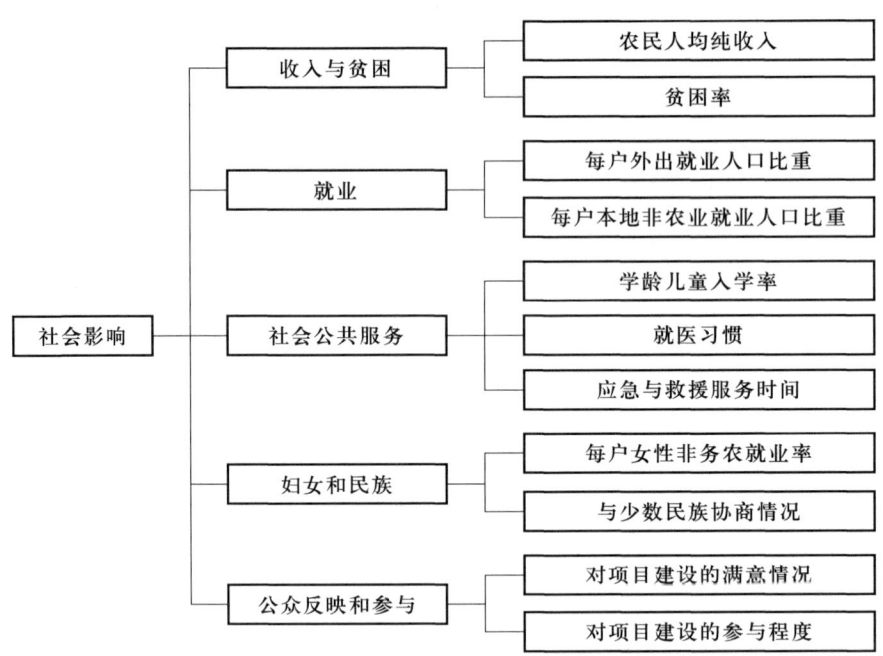

图 4-14　社会影响评价指标体系（世界银行）

比，计算每个抽样农户当年的人均纯收入，则农民人均纯收入可通过各农户当年人均纯收入的平均值来反映，即

$$IC = \frac{\sum_i (TC_i / Hh_i)}{N_P} \tag{4-15}$$

式中　IC——农民人均纯收入，元；

TC_i——第 i 个抽样农户当年纯收入，元；

Hh_i——第 i 个抽样农户当年户籍人口数，人；

N_P——抽样农户数量，户。

● 观测点 16：贫困率 PV（%）

数据来源：农村公路建设成效评价村委会调查问卷（世界银行体系）。

对比方式：前后对比、有无对比。

量化方法：人均年收入在贫困线标准之下的人口即为贫困人口。先根据抽样调查建制村当年的贫困人数与该村总人数之比得到每个建制村的贫困率，则贫困率可通过各建制村当年贫困率的平均值来反映，即

$$PV = \frac{\sum_i (PV_{ci} / Hh_i)}{N_C} \times 100\% \tag{4-16}$$

式中　PV——贫困率，%；

PV_{ci}——第 i 个抽样建制村的贫困人口数，人；

Hh_i——第 i 个抽样建制村当年总人口数，人；

N_C——抽样建制村数量,个。

- 观测点 17:每户外出就业人口比重 EM_O(%)

  数据来源:农村公路建设成效公众调查问卷(世界银行体系)。

  考察方式:前后对比、有无对比。

  量化方法:先由抽样调查农户当年外出就业人口与该农户就业人口数之比,计算每个抽样农户外出就业人口比重,则每户外出就业人口比重可通过各抽样农户外出就业人口比重的平均值来反映,即

$$EM_\mathrm{O} = \frac{\sum_i (em_{oi}/em_i)}{N_\mathrm{P}} \times 100\% \qquad (4-17)$$

式中　EM_O——每户外出就业人口比重,%;

　　　em_{oi}——第 i 个抽样农户当年外出就业人口数,人;

　　　em_i——第 i 个抽样农户当年就业人口数,人;

　　　N_P——抽样农户数量,户。

- 观测点 18:每户本地非农业就业人口比重 EM_N(%)

  数据来源:农村公路建设成效公众调查问卷(世界银行体系)。

  考察方式:前后对比、有无对比。

  量化方法:先由抽样调查农户当年非农业就业人口数与该农户就业人口数之比,计算每个抽样农户非农业就业人口比重,则每户本地非农业就业人口比重可通过各抽样农户非农业就业人口比重的平均值来反映,即

$$EM_\mathrm{N} = \frac{\sum_i (em_{ni}/em_i)}{N_\mathrm{P}} \times 100\% \qquad (4-18)$$

式中　EM_N——每户本地非农业就业人口比重,%;

　　　em_{ni}——第 i 个抽样农户当年非农业就业人口数,人;

　　　em_i——第 i 个抽样农户当年就业人口数,人;

　　　N_P——抽样农户数量,户。

- 观测点 19:学龄儿童入学率 ED(%)

  数据来源:农村公路建设成效公众调查问卷(世界银行体系)。

  对比方式:前后对比、有无对比。

  量化方法:先由抽样调查农户学龄入学儿童的数量与学龄儿童总人数之比,计算每个抽样农户学龄儿童入学率,则学龄儿童入学率可通过各抽样农户学龄儿童入学率的平均值来反映,即

$$ED = \frac{\sum_i (ed_{si}/ed_{ci})}{N_\mathrm{P}} \times 100\% \qquad (4-19)$$

式中　ED——学龄儿童入学率,%;

ed_{si}——第 i 个抽样农户学龄儿童入学人数,人;

ed_{ci}——第 i 个抽样农户学龄儿童总人数,人;

N_P——抽样农户数量,户。

● **观测点 20:就医习惯 H_{th}(%)**

数据来源:农村公路建设成效公众调查问卷(世界银行体系)。

对比方式:前后对比、有无对比。

量化方法:就医习惯通过抽样调查农户生病后选择自然痊愈、去医院或诊所接受治疗还是采取其他方式等就医态度发生变化的比例来考察,即

$$H_{th}=\frac{\sum_{j}ad_j}{N_p}\times 100\% \qquad j=\begin{cases}1, & \text{变化显著}\\ 2, & \text{变化一般}\\ 3, & \text{没有变化}\\ 4, & \text{其他}\end{cases} \qquad (4-20)$$

式中 H_{th}——就医习惯,%;

ad_j——抽样调查中持第 j($j=1,2,3,4$)种态度的农户数量,人;

N_P——抽样农户数量,户。

● **观测点 21:应急与救援服务时间 EG(min)**

数据来源:农村公路建设成效村委调查问卷(世界银行体系)。

对比方式:前后对比、有无对比。

量化方法:应急与救援服务时间通过抽样调查建制村当年 110 接警、120 急救以及 119 救灾三种应急与救援服务各自的平均救援时间来反映,即

$$EG=\frac{\sum_{j}eg_j}{N_C} \qquad j=\begin{cases}1, & 110\ \text{接警}\\ 2, & 120\ \text{急救}\\ 3, & 119\ \text{救灾}\end{cases} \qquad (4-21)$$

式中 EG——应急与救援服务时间,min;

eg_j——某抽样调查建制村第 j($j=1,2,3$)项应急与救援服务所需时间,min;

N_C——抽样建制村数量,个。

● **观测点 22:每户女性非务农就业率 EM_W(%)**

数据来源:农村公路建设成效公众调查问卷(世界银行体系)。

对比方式:前后对比、有无对比。

量化方法:先由抽样调查农户当年女性中的非农业就业人数与该农户女性就业人数之比计算每个抽样农户女性非务农就业比重,则每户女性非务农就业率可通过各抽样农户女性非务农就业比重的平均值来反映,即

$$EM_W=\frac{\sum_{i}(em_{wi}/em_{wri})}{N_P}\times 100\% \qquad (4-22)$$

式中 EM_W——每户女性非务农就业率,%;

em_{wi}——第 i 个抽样农户当年女性非农业就业人数,人;

em_{wri}——第 i 个抽样农户当年女性就业人数,人;

N_P——抽样农户数量,户。

● **观测点 23:与少数民族协商情况 CW(%)**

数据来源:农村公路建设成效村委调查问卷(世界银行体系)。

量化方法:与少数民族协商情况通过抽样调查涉及的少数民族村,在农村公路改建过程中,相关主管部门或建设单位是否与少数民族村落进行协商的沟通率来表示,即

$$CW = \frac{\sum V_{cw}}{V_m} \times 100\% \tag{4-23}$$

式中 CW——与少数民族协商情况,%;

V_{cw}——抽中的建制村中,进行协商过的少数民族建制村数量,个;

V_m——抽样调查涉及的少数民族建制村总量,个。

● **观测点 24:对项目建设的满意情况 CS(%)**

数据来源:农村公路建设成效公众调查问卷(世界银行体系)。

量化方法:对项目建设的满意情况可通过抽样调查农户对农村公路改建项目的满意率来反映,即

$$CS = \frac{\sum cs_P}{N_P} \times 100\% \tag{4-24}$$

式中 CS——对项目建设的满意情况,%;

cs_P——对农村公路改建项目持满意态度的农户数量,户;

N_P——抽样农户数量,户。

● **观测点 25:对项目建设的参与程度 CP(%)**

数据来源:农村公路建设成效公众调查问卷(世界银行体系)。

量化方法:对项目建设的参与程度可通过抽样调查农户参与农村公路计划、建设以及决策的情况进行考察,即

$$CP = \frac{\sum_j ad_j}{N_P} \times 100\% \quad j = \begin{cases} 1, & \text{参与建设} \\ 2, & \text{提出意见} \\ 3, & \text{没有参与} \end{cases} \tag{4-25}$$

式中 CP——对项目建设的参与程度,%;

ad_j——抽样调查中持第 j($j=1,2,3$)种态度的农户数量,户;

N_P——抽样农户数量,户。

4. 环境影响评价

农村公路建设成效世界银行评价体系中,反映环境影响的评价指标体系如图 4-15 所示。

世界银行环境影响评价指标体系中各观测点的量化与考察方法如下:

● **观测点 26:公众对空气质量的反映情况 PA(%)**

数据来源:农村公路建设成效公众调查问卷(世界银行体系)。

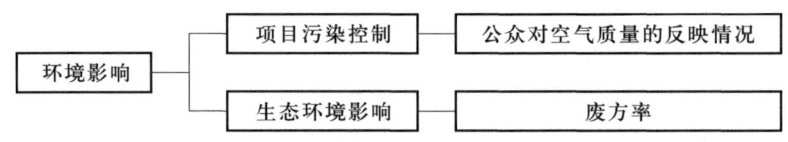

图 4-15 环境影响评价指标体系(世界银行)

量化方法:公众对空气质量的反映可通过抽样调查农户对当地空气质量的反映和态度的百分比例情况来反映,即

$$PA = \frac{\sum_j ad_j}{N_P} \times 100\% \qquad j = \begin{cases} 1, & 满意 \\ 2, & 不满意 \end{cases} \qquad (4\text{-}26)$$

式中　PA——公众对空气质量的反映情况,%;
　　　ad_j——抽样调查中持第 j($j=1,2$)种态度的农户数量,户;
　　　N_P——抽样农户数量,户。

● **观测点 27:废方率 FF（m^3/km）**

数据来源:县(市、区)农村公路改建项目路基土石方数量统计表。

量化方法:废方率是废方量与公路总里程的比例,即单位公路建设里程产生的废方量,可通过式(4-27)计算

$$FF = \frac{\sum_i FFC_i}{\sum_i L_{Ri}} \qquad (4\text{-}27)$$

式中　FF——废方率,m^3/km;
　　　FFC_i——第 i 个抽样农村公路改建项目产生的废方量,m^3;
　　　L_{Ri}——第 i 个抽样农村公路改建项目里程,km。

4.4.2 典型项目评价指标体系的量化与考察

1. 交通发展影响评价

农村公路典型项目建设成效评价体系中,反映交通发展影响的评价指标体系如图 4-16 所示。

典型项目交通发展影响评价指标体系中各观测点的量化与考察方法如下:

● **观测点 1:机动车交通量(pcu/d)**

数据来源:现场交通调查与观测。
考察方式:前后对比。
量化方法:通过观测农村公路当日路段上的车辆数,折算成当量小客车交通量来反映。

● **观测点 2:客运班线开通情况**

数据来源:农村公路建设成效村委会调查问卷(典型项目)。
考察方式:有无对比。
量化方法:调查建制村客运班线是否已经开通。

第4章 农村公路建设成效评价指标体系的构建

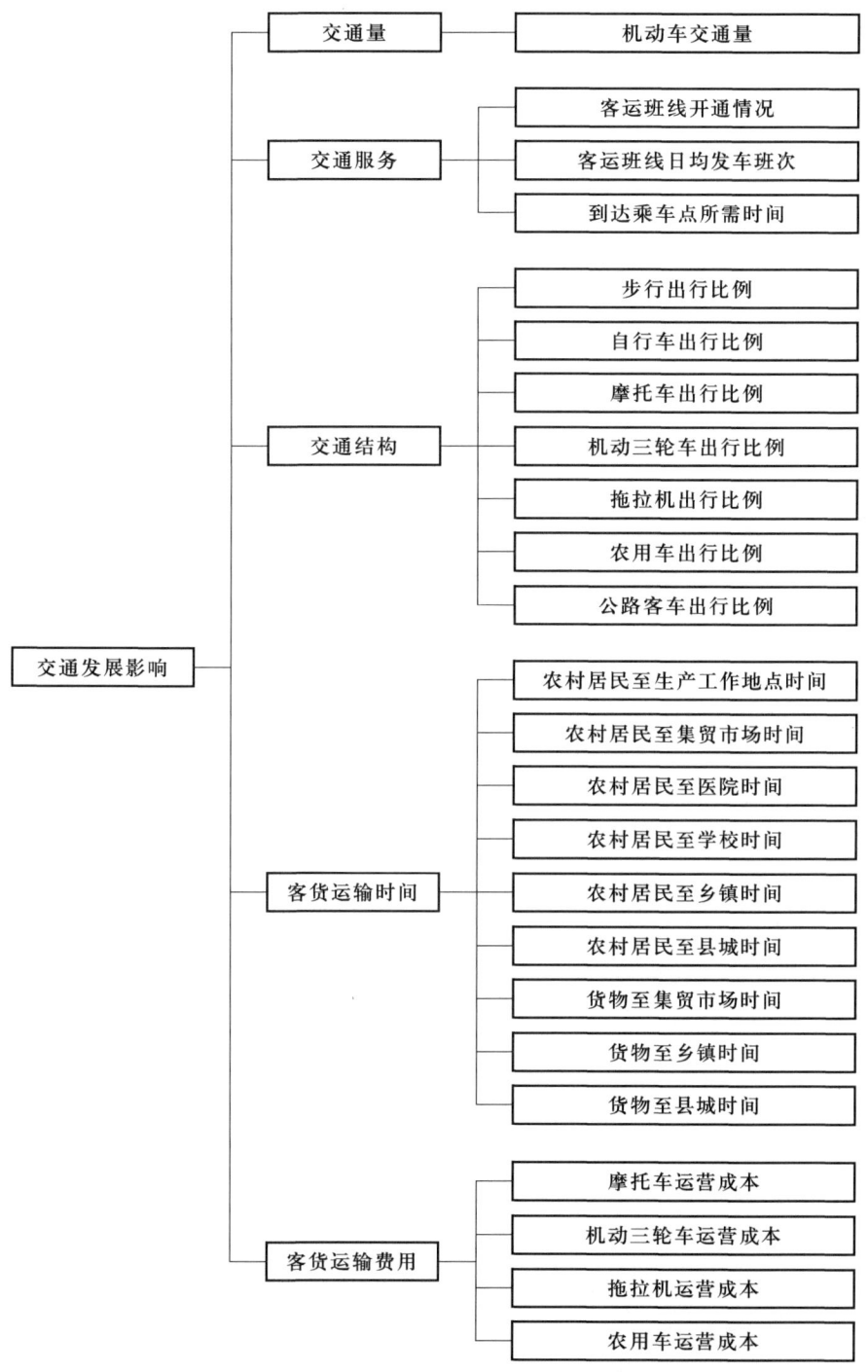

图 4-16　交通发展影响评价指标体系(典型项目)

- **观测点 3：客运班线日均发车班次(次)**

  数据来源：农村公路建设成效村委会调查问卷(典型项目)。

  考察方式：有无对比。

  量化方法：调查建制村客运班线每日发车次数。

- **观测点 4：到达乘车点所需时间 T_S(min)**

  数据来源：农村公路建设成效公众调查问卷(典型项目)。

  考察方式：有无对比。

  量化方法：调查建制村农户步行到达乘车点的平均时间。

$$T_S = \frac{\sum_i t_{si}}{N_P} \tag{4-28}$$

式中　T_S——到达乘车点所需时间,min；

　　　t_{si}——第 i 个抽样农民由其居住地到达乘车点所需时间,min；

　　　N_P——抽样农民数量,人。

- **观测点 5：步行出行比例 T_F(%)**

  数据来源：农村公路建设成效公众调查问卷(典型项目)。

  对比方式：有无对比。

  量化方法：调查建制村抽样农户中,采用步行作为最常用出行方式的农民月出行次数占农民月出行总次数的百分率,即

$$T_F = \frac{\sum t_f}{\sum_i T_{mi}} \times 100\% \tag{4-29}$$

式中　T_F——步行出行比例,%；

　　　t_f——采用步行方式出行的农民月出行次数,次；

　　　T_{mi}——第 i 个农民的月出行总次数,次。

- **观测点 6：自行车出行比例 T_Z(%)**

  数据来源：农村公路建设成效公众调查问卷(典型项目)。

  对比方式：有无对比。

  量化方法：调查建制村抽样农户中,采用自行车作为最常用出行方式的农民月出行次数占农民月出行总次数的百分率,即

$$T_Z = \frac{\sum t_z}{\sum_i T_{mi}} \times 100\% \tag{4-30}$$

式中　T_Z——自行车出行比例,%；

　　　t_z——采用自行车方式出行的农民月出行次数,次；

　　　T_{mi}——第 i 个农民的月出行总次数,次。

● 观测点7：摩托车出行比例 T_M(%)

数据来源：农村公路建设成效公众调查问卷（典型项目）。

对比方式：有无对比。

量化方法：调查建制村抽样农户中，采用摩托车作为最常用出行方式的农民月出行次数占农民月出行总次数的百分率，即

$$T_M = \frac{\sum t_m}{\sum_i T_{mi}} \times 100\% \tag{4-31}$$

式中　T_M——摩托车出行比例，%；

　　　t_m——采用摩托车方式出行的农民月出行次数，次；

　　　T_{mi}——第 i 个农民的月出行总次数，次。

● 观测点8：机动三轮车出行比例 T_D(%)

数据来源：农村公路建设成效公众调查问卷（典型项目）。

对比方式：有无对比。

量化方法：调查建制村抽样农户中，采用机动三轮车作为最常用出行方式的农民月出行次数占农民月出行总次数的百分率，即

$$T_D = \frac{\sum t_d}{\sum_i T_{mi}} \times 100\% \tag{4-32}$$

式中　T_D——机动三轮车出行比例，%；

　　　t_d——采用机动三轮车方式出行的农民月出行次数，次；

　　　T_{mi}——第 i 个农民的月出行总次数，次。

● 观测点9：拖拉机出行比例 T_L(%)

数据来源：农村公路建设成效公众调查问卷（典型项目）。

对比方式：有无对比。

量化方法：调查建制村抽样农户中，采用拖拉机作为最常用出行方式的农民月出行次数占农民月出行总次数的百分率，即

$$T_L = \frac{\sum t_l}{\sum_i T_{mi}} \times 100\% \tag{4-33}$$

式中　T_L——拖拉机出行比例，%；

　　　t_l——采用拖拉机方式出行的农民月出行次数，次；

　　　T_{mi}——第 i 个农民的月出行总次数，次。

● 观测点10：农用车出行比例 T_N(%)

数据来源：农村公路建设成效公众调查问卷（典型项目）。

对比方式：有无对比。

量化方法:调查建制村抽样农户中,采用农用车作为最常用出行方式的农民月出行次数占农民月出行总次数的百分率,即

$$T_N = \frac{\sum_i t_n}{\sum_i T_{mi}} \times 100\%$$ (4-34)

式中　T_N——农用车出行比例,%;

　　　t_n——采用农用车方式出行的农民月出行次数,次;

　　　T_{mi}——第 i 个农民的月出行总次数,次。

● 观测点11:公路客车出行比例 T_K(%)

数据来源:农村公路建设成效公众调查问卷(典型项目)。

对比方式:有无对比。

量化方法:调查建制村抽样农户中,采用公路客车作为最常用出行方式的农民月出行次数占农民月出行总次数的百分率,即

$$T_K = \frac{\sum_i t_k}{\sum_i T_{mi}} \times 100\%$$ (4-35)

式中　T_K——公路客车出行比例,%;

　　　t_k——采用公路客车方式出行的农民月出行次数,次;

　　　T_{mi}——第 i 个农民的月出行总次数,次。

● 观测点12:农村居民至生产工作地点时间 T_W(min)

数据来源:农村公路建设成效公众调查问卷(典型项目)。

对比方式:有无对比。

量化方法:调查建制村农户由居住地至其生产工作地点的平均时间。

$$T_W = \frac{\sum_i t_{wi}}{N_P}$$ (4-36)

式中　T_W——农村居民至生产工作地点时间,min;

　　　t_{wi}——第 i 个抽样农民由居住地到达其生产工作地点所需时间,min;

　　　N_P——抽样农民数量,人。

● 观测点13:农村居民至集贸市场时间 T_J(min)

数据来源:农村公路建设成效公众调查问卷(典型项目)。

对比方式:有无对比。

量化方法:调查建制村农户由居住地至集贸市场的平均时间。

$$T_J = \frac{\sum_i t_{ji}}{N_P}$$ (4-37)

式中 T_J——农村居民至集贸市场时间,min;

t_{ji}——第 i 个抽样农民由居住地到达集贸市场所需时间,min;

N_P——抽样农民数量,人。

- 观测点 14:农村居民至医院时间 $T_H(\min)$

  数据来源:农村公路建设成效公众调查问卷(典型项目)。

  对比方式:有无对比。

  量化方法:调查建制村农户由居住地至医院的平均时间。

$$T_H = \frac{\sum_i t_{hi}}{N_P} \tag{4-38}$$

式中 T_H——农村居民至医院时间,min;

t_{hi}——第 i 个抽样农民由居住地到达医院所需时间,min;

N_P——抽样农民数量,人。

- 观测点 15:农村居民至学校时间 $T_X(\min)$

  数据来源:农村公路建设成效公众调查问卷(典型项目)。

  对比方式:有无对比。

  量化方法:调查建制村农户由居住地至学校的平均时间。

$$T_X = \frac{\sum_i t_{xi}}{N_P} \tag{4-39}$$

式中 T_X——农村居民至学校时间,min;

t_{xi}——第 i 个抽样农民由居住地到达学校所需时间,min;

N_P——抽样农民数量,人。

- 观测点 16:农村居民至乡镇时间 $T_T(\min)$

  数据来源:农村公路建设成效公众调查问卷(典型项目)。

  对比方式:有无对比。

  量化方法:调查建制村农户由居住地至乡镇的平均时间。

$$T_T = \frac{\sum_i t_{ti}}{N_P} \tag{4-40}$$

式中 T_T——农村居民至乡镇时间,min;

t_{ti}——第 i 个抽样农民由居住地到达乡镇所需时间,min;

N_P——抽样农民数量,人。

- 观测点 17:农村居民至县城时间 $T_C(\min)$

  数据来源:农村公路建设成效公众调查问卷(典型项目)。

  对比方式:有无对比。

  量化方法:调查建制村农户由居住地至县城的平均时间。

$$T_C = \frac{\sum_i t_{ci}}{N_P} \tag{4-41}$$

式中　T_C——农村居民至县城时间,min;

　　　t_{ci}——第 i 个抽样农民由居住地到达县城所需时间,min;

　　　N_P——抽样农民数量,人。

● **观测点 18：货物至集贸市场时间 C_J(min)**

数据来源:农村公路建设成效公众调查问卷(典型项目)。

对比方式:有无对比。

量化方法:调查建制村货物由其产地运至集贸市场的平均时间。

$$C_J = \frac{\sum_i c_{ji}}{N_P} \tag{4-42}$$

式中　C_J——货物至集贸市场时间,min;

　　　c_{ji}——第 i 个抽样农民将其货物由其产地运至集贸市场所需时间,min;

　　　N_P——抽样农民数量,人。

● **观测点 19：货物至乡镇时间 C_T(min)**

数据来源:农村公路建设成效公众调查问卷(典型项目)。

对比方式:有无对比。

量化方法:调查建制村货物由其产地运至乡镇政府所在地的平均时间。

$$C_T = \frac{\sum_i c_{ti}}{N_P} \tag{4-43}$$

式中　C_T——货物至乡镇时间,min;

　　　c_{ti}——第 i 个抽样农民将其货物由其产地运至乡镇政府所需时间,min;

　　　N_P——抽样农民数量,人。

● **观测点 20：货物至县城时间 C_C(min)**

数据来源:农村公路建设成效公众调查问卷(典型项目)。

对比方式:有无对比。

量化方法:调查建制村货物由其产地运至县城的平均时间。

$$C_C = \frac{\sum_i c_{ci}}{N_P} \tag{4-44}$$

式中　C_C——货物至县城时间,min;

　　　c_{ci}——第 i 个抽样农民将其货物由其产地运至县城所需时间,min;

　　　N_P——抽样农民数量,人。

● **观测点 21：摩托车运营成本 C_M(元/km)**

数据来源:农村公路建设成效公众调查问卷(典型项目)。

考察方式:有无对比。

量化方法：通过调查农村公路上运营的摩托车当年行驶单位里程的平均耗油量，并按当时油价折算成摩托车辆的运营成本来反映，油价的短期浮动忽略不计。

$$C_{\mathrm{M}} = \frac{\sum\limits_{i} MV_i \cdot P}{n_{\mathrm{m}}} \quad (4-45)$$

式中　C_{M}——摩托车运营成本，元/km；

　　　MV_i——第 i 个农户摩托车在农村公路上行驶单位里程的耗油量，L/km；

　　　P——当时油价，元/L；

　　　n_{m}——抽样调查到的拥有摩托车的农户总量，户。

● **观测点 22：机动三轮车运营成本 C_{S}（元/km）**

数据来源：农村公路建设成效公众调查问卷（典型项目）。

考察方式：有无对比。

量化方法：通过调查农村公路上运营的机动三轮车当年行驶单位里程的平均耗油量，并按当时油价折算成机动三轮车的运营成本来反映，油价的短期浮动忽略不计。

$$C_{\mathrm{S}} = \frac{\sum\limits_{i} SV_i \cdot P}{n_{\mathrm{s}}} \quad (4-46)$$

式中　C_{S}——机动三轮车运营成本，元/km；

　　　SV_i——第 i 个农户机动三轮车在农村公路上行驶单位里程的耗油量，L/km；

　　　P——当时油价，元/L；

　　　n_{s}——抽样调查到的拥有机动三轮车的农户总量，户。

● **观测点 23：拖拉机运营成本 C_{L}（元/km）**

数据来源：农村公路建设成效公众调查问卷（典型项目）。

考察方式：有无对比。

量化方法：通过调查农村公路上运营的拖拉机当年行驶单位里程的平均耗油量，并按当时油价折算成拖拉机的运营成本来反映，油价的短期浮动忽略不计。

$$C_{\mathrm{L}} = \frac{\sum\limits_{i} LV_i \cdot P}{n_l} \quad (4-47)$$

式中　C_{L}——拖拉机运营成本，元/km；

　　　LV_i——第 i 个农户拖拉机在农村公路上行驶单位里程的耗油量，L/km；

　　　P——当时油价，元/L；

　　　n_l——抽样调查到的拥有拖拉机的农户总量，户。

● **观测点 24：农用车运营成本 C_{N}（元/t·km）**

数据来源：农村公路建设成效公众调查问卷（典型项目）。

考察方式：有无对比。

量化方法：通过调查农村公路上运营的农用车当年行驶单位里程的平均耗油量，并按当时油价折算成农用车的运营成本来反映,油价的短期浮动忽略不计。

$$C_N = \frac{\sum_i NV_i \cdot P}{n_n} \tag{4-48}$$

式中　C_N——农用车运营成本,元/km;

NV_i——第 i 个农户农用车在农村公路上行驶单位里程的耗油量,L/km;

P——当时油价,元/L;

n_n——抽样调查到的拥有农用车的农户总量,户。

2. 农村经济发展影响评价

农村公路典型项目建设成效评价体系中,反映农村经济发展影响的评价指标体系如图 4-17 所示。

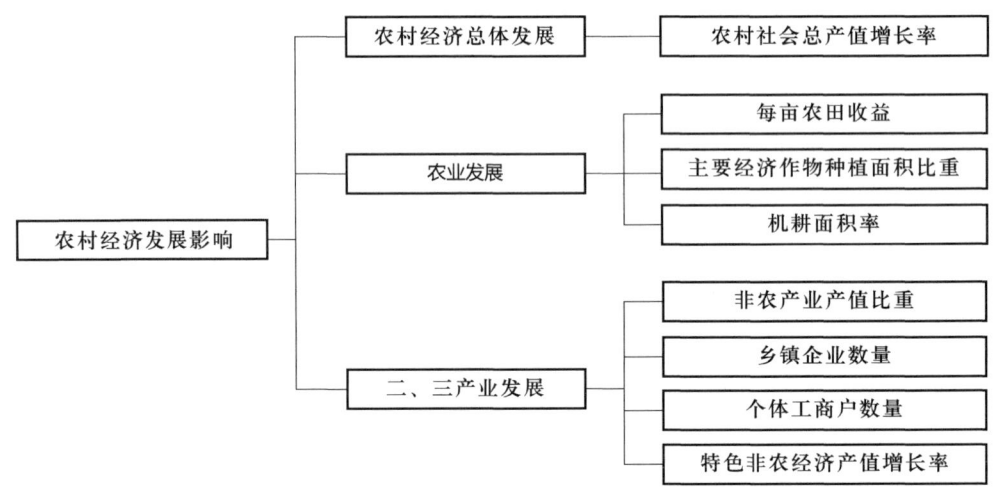

图 4-17　农村经济发展影响评价指标体系(典型项目)

典型项目农村经济发展影响评价指标体系中各观测点的量化与考察方法如下:

● 观测点 25:农村社会生产总值增长率 PG_R(%)

数据来源:农村公路建设成效评价乡镇调查问卷(典型项目)。

考察方式:有无对比。

量化方法:农村社会生产总值增长率通过调查建制村单位时间内农村社会总产值之差与基准年农村社会总产值的比值来反映,即

$$PG_R = (\sqrt[n]{PG_n/PG_0} - 1) \times 100\% \tag{4-49}$$

式中　PG_R——农村社会生产总产值增长率,%;

PG_n——抽样建制村考察年农村社会生产总值,万元;

PG_0——抽样建制村基准年农村社会生产总值,万元;

n——单位时间,年。

● 观测点 26:每亩农田收益 BF(元/亩)

数据来源:农村公路建设成效公众调查问卷(典型项目)。

对比方式:有无对比。

量化方法:先由抽样调查农户当年农业作物总收益与总耕地面积之比计算出每个抽样农户当年每亩农田收益,则每亩农田收益可通过各农户当年每亩农田收益的平均值来反映,即

$$BF = \frac{\sum\limits_i (bf_i/ar_i)}{N_P} \qquad (4\text{-}50)$$

式中 BF——每亩农田收益,元/亩;

bf_i——第 i 个抽样农户当年农业作物总收益,元;

ar_i——第 i 个抽样农户当年总耕地面积,亩;

N_P——抽样农户数量,户。

● 观测点 27:主要经济作物种植面积比重 EP_R(%)

数据来源:农村公路建设成效村委会调查问卷(典型项目)。

考察方式:有无对比。

量化方法:主要经济作物种植面积比重通过调查建制村的主要经济作物种植面积占全村农作物种植面积的百分率来反映,即

$$EP_R = \frac{ep}{TP} \times 100\% \qquad (4\text{-}51)$$

式中 EP_R——主要经济作物种植面积比重,%;

ep——调查建制村的主要经济作物种植面积,亩;

TP——调查建制村农作物种植总面积,亩。

● 观测点 28:机耕面积率 MA_R(%)

数据来源:农村公路建设成效村委会调查问卷(典型项目)。

对比方式:有无对比。

量化方法:机耕面积率通过调查建制村采用农业机械耕作农田面积占全村耕地总面积的百分率来反映,即

$$MA_R = \frac{ma}{TA} \times 100\% \qquad (4\text{-}52)$$

式中 MA_R——机耕面积率,%;

ma——调查建制村采用农业机械耕作农田面积,亩;

TA——调查建制村全村耕地总面积,亩。

● 观测点 29:非农产业产值比重 PIS_r(%)

数据来源:农村公路建设成效评价乡镇调查问卷(典型项目)。

对比方式:有无对比。

量化方法:非农产业产值比重通过调查建制村当年非农业部门产值占农村社会生产总值的比重来反映,即

$$PIS_r = \frac{pis}{pg} \times 100\% \qquad (4\text{-}53)$$

式中 PIS_r——非农产业产值比重,%;
pis——调查建制村某年非农业部门产值,万元;
pg——调查建制村某年社会生产总值,万元;

- **观测点 30:乡镇企业数量 TE(个)**

  数据来源:农村公路建设成效村委会调查问卷(典型项目)。

  考察方式:有无对比。

  量化方法:通过调查建制村当年拥有的乡镇企业数量来反映。

- **观测点 31:个体工商户数量 MC(个)**

  数据来源:农村公路建设成效村委会调查问卷(典型项目)。

  考察方式:有无对比。

  量化方法:通过调查建制村当年拥有的个体工商户数量来反映。

- **观测点 32:特色非农经济产值增长率 EN_R(%)**

  数据来源:农村公路建设成效评价乡镇调查问卷(典型项目)或福建省农村公路建设成效村委会调查问卷(典型项目)。

  对比方式:有无对比。

  量化方法:特色非农经济产值增长率通过调查建制村单位时间内非农业经济产值之差(特色非农业经济产业指的是除农业外,具有当地特色,可为当地创收的产业,如具有本地特色的加工业、采矿业、旅游业等)与基准年非农业经济产值的比值来反映,即

  $$EN_R = (\sqrt[n]{EN_n/EN_0} - 1) \times 100\% \tag{4-54}$$

式中 EN_R——特色非农经济产值增长率,%;
EN_n——抽样建制村考察年农村社会生产总值,万元;
EN_0——抽样建制村基准年农村社会生产总值,万元;
n——单位时间,年。

3. 社会影响评价

在农村公路典型项目建设成效评价体系中,反映社会影响的评价指标体系如图 4-18 所示。

典型项目社会影响评价指标体系中各观测点的量化与考察方法如下:

- **观测点 33:农民人均纯收入 IC(元/人)**

  数据来源:农村公路建设成效公众调查问卷(典型项目)。

  对比方式:有无对比。

  量化方法:先由调查农户当年纯收入(是指农村居民家庭总收入中扣除从事生产和非生产经营的费用支出、缴纳税款、上交承包金额后所剩余的部分)与该农户户籍人口之比,计算每个抽样农户当年的人均纯收入,则农民人均纯收入可通过各农户当年人均纯收入的平均值来反映,即

  $$IC = \frac{\sum_i (TC_i/Hh_i)}{N_P} \tag{4-55}$$

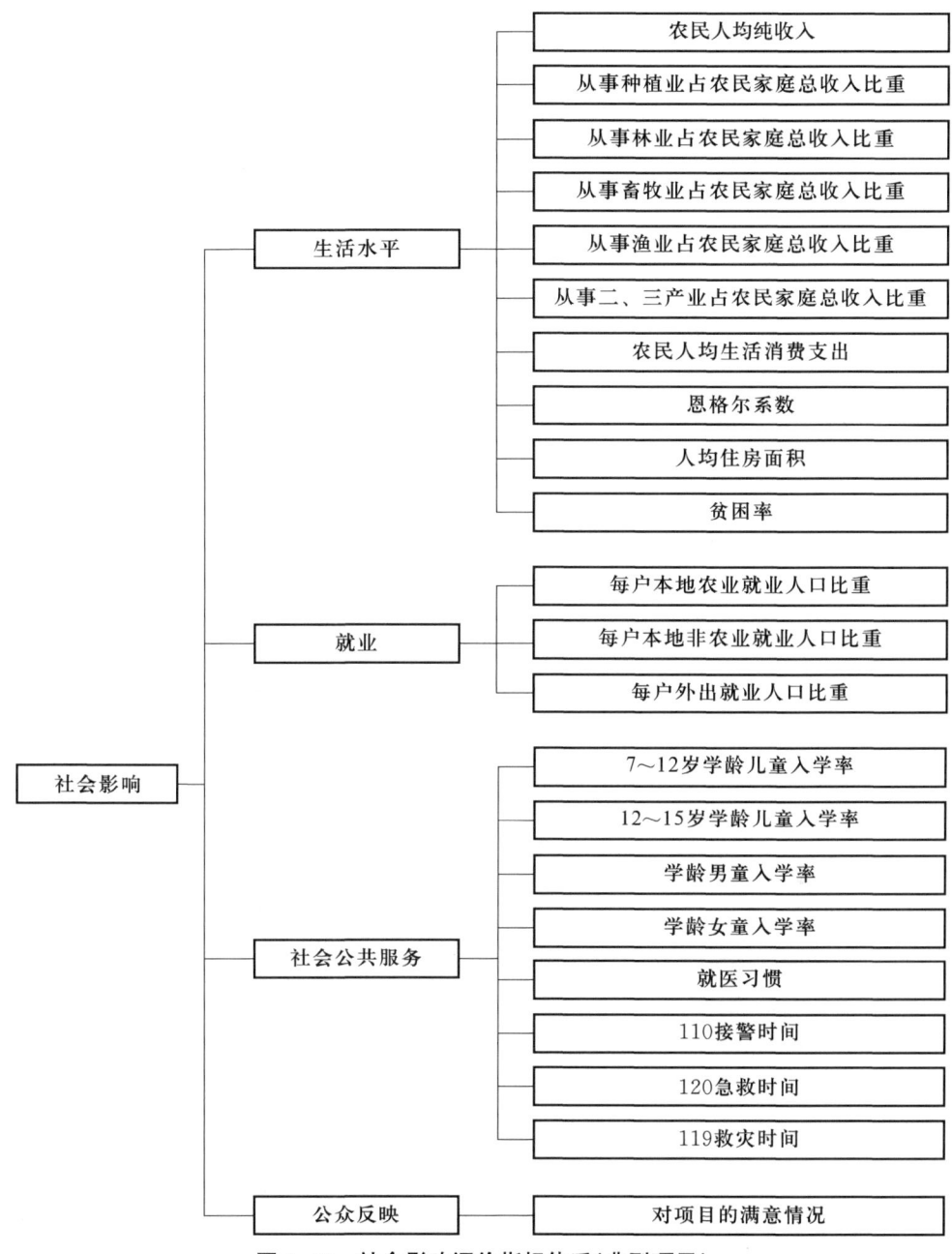

图 4-18 社会影响评价指标体系(典型项目)

式中 IC——农民人均纯收入,元/人；

TC_i——第 i 个抽样农户当年纯收入,元；

Hh_i——第 i 个抽样农户当年户籍人口,人；

N_P——抽样农户数量,户。

- 观测点 34：从事种植业占农民家庭总收入比重 $IC_P(\%)$

  数据来源：农村公路建设成效公众调查问卷(典型项目)。

对比方式:有无对比。

量化方法:通过调查建制村抽样农户当年从事种植业所得收入占农民家庭总收入的百分率来反映,即

$$IC_P = \frac{\sum_i (ic_{pi}/TC_i)}{N_P} \times 100\% \quad (4-56)$$

式中　IC_P——从事种植业占农民家庭总收入比重,%;

ic_{pi}——第 i 个抽样农户当年从事种植业所得收入,元;

TC_i——第 i 个抽样农户当年总收入,元;

N_P——抽样农户数量,户。

● **观测点 35**:从事林业占农民家庭总收入比重 IC_L(%)

数据来源:农村公路建设成效公众调查问卷(典型项目)。

对比方式:有无对比。

量化方法:通过调查建制村抽样农户当年从事林业所得收入占农民家庭总收入的百分率来反映,即

$$IC_L = \frac{\sum_i (ic_{li}/TC_i)}{N_P} \times 100\% \quad (4-57)$$

式中　IC_L——从事林业占农民家庭总收入比重,%;

ic_{li}——第 i 个抽样农户当年从事林业所得收入,元;

TC_i——第 i 个抽样农户当年总收入,元;

N_P——抽样农户数量,户。

● **观测点 36**:从事畜牧业占农民家庭总收入比重 IC_S(%)

数据来源:农村公路建设成效公众调查问卷(典型项目)。

对比方式:有无对比。

量化方法:通过调查建制村抽样农户当年从事畜牧业所得收入占农民家庭总收入的百分率来反映,即

$$IC_S = \frac{\sum_i (ic_{si}/TC_i)}{N_P} \times 100\% \quad (4-58)$$

式中　IC_S——从事畜牧业占农民家庭总收入比重,%;

ic_{si}——第 i 个抽样农户当年从事畜牧业所得收入,元;

TC_i——第 i 个抽样农户当年总收入,元;

N_P——抽样农户数量,户。

● **观测点 37**:从事渔业占农民家庭总收入比重 IC_F(%)

数据来源:农村公路建设成效公众调查问卷(典型项目)。

对比方式:有无对比。

量化方法:通过调查建制村抽样农户当年从事渔业所得收入占农民家庭总收入的百分

率来反映，即

$$IC_F = \frac{\sum_i (ic_{fi}/TC_i)}{N_P} \times 100\% \tag{4-59}$$

式中 IC_F——从事渔业占农民家庭总收入比重，%；

ic_{fi}——第 i 个抽样农户当年从事渔业所得收入，元；

TC_i——第 i 个抽样农户当年总收入，元；

N_P——抽样农户数量，户。

● 观测点 38：从事二、三产业占农民家庭总收入比重 IC_{IS}（%）

数据来源：农村公路建设成效公众调查问卷（典型项目）。

对比方式：有无对比。

量化方法：通过调查建制村抽样农户当年从事二、三产业所得收入占农民家庭总收入的百分率来反映，即

$$IC_{IS} = \frac{\sum_i (ic_{isi}/TC_i)}{N_P} \times 100\% \tag{4-60}$$

式中 IC_{IS}——从事二、三产业占农民家庭总收入比重，%；

ic_{isi}——第 i 个抽样农户当年从事二、三产业所得收入，元；

TC_i——第 i 个抽样农户当年总收入，元；

N_P——抽样农户数量，户。

● 观测点 39：农民人均生活消费支出 LP（元/人）

数据来源：农村公路建设成效公众调查问卷（典型项目）。

对比方式：有无对比。

量化方法：通过本地当年农民生活性消费（指农村常住居民家庭年内用于日常生活的全部开支，包括用于吃、穿、住、烧、用等生活消费品开支和文化、生活服务费用开支两部分）支出总量与农民总人数之比来反映，即

$$LP = \frac{\sum_i (lp_i/Hh_i)}{N_P} \tag{4-61}$$

式中 LP——农民人均生活消费支出，元/人；

lp_i——第 i 个抽样农户当年生活性消费开支，元；

Hh_i——第 i 个抽样农户当年户籍人口数，人；

N_P——抽样农户数量，户。

● 观测点 40：恩格尔系数 EC

数据来源：农村公路建设成效公众调查问卷（典型项目）。

对比方式：有无对比。

量化方法：所谓恩格尔系数，指的是农民食品支出金额在生活消费支出金额中所占的比例，可通过调查建制村抽样农户食品支出金额在生活消费支出金额中所占比例的平均值

来反映,即

$$EC = \frac{\sum_i (fp_i/lp_i)}{N_P} \quad (4-62)$$

式中　EC——恩格尔系数;
　　　fp_i——第 i 个抽样农户当年食品支出金额,元/年;
　　　lp_i——第 i 个抽样农户当年生活性消费开支,元/年;
　　　N_P——抽样农户数量,户。

● 观测点 41:人均住房面积 HA（m²/人）

数据来源:农村公路建设成效公众调查问卷(典型项目)。

对比方式:有无对比。

量化方法:先由调查建制村抽样农户当年住房总面积与户籍人口数之比计算出每个抽样农户的人均住房面积,则人均住房面积可由各抽样农户的人均住房面积的平均值来反映,即

$$HA = \frac{\sum_i (ha_i/Hh_i)}{N_P} \quad (4-63)$$

式中　HA——人均住房面积,m²/人;
　　　ha_i——第 i 个抽样农户当年住房总面积,m²/人;
　　　Hh_i——第 i 个抽样农户当年户籍人口数,人;
　　　N_P——抽样农户数量,户。

● 观测点 42:贫困率 PV（%）

数据来源:农村公路建设成效公众调查问卷(典型项目)。

对比方式:有无对比。

量化方法:贫困率可由调查建制村当年的贫困人口数与本村总人口数之比得到,即

$$PV = \frac{pv}{Hh} \times 100\% \quad (4-64)$$

式中　PV——贫困率,%;
　　　pv——调查建制村的贫困人口数,人;
　　　Hh——调查建制村当年总人口数,人。

● 观测点 43:每户本地农业就业人口比重 EM_A（%）

数据来源:农村公路建设成效公众调查问卷(典型项目)。

考察方式:有无对比。

量化方法:先由抽样调查建制村农户当年农业就业人口数与该农户就业人口数之比计算出每个抽样农户本地农业就业人口比重,则每户本地农业就业人口比重可通过各抽样农户本地农业就业人口比重的平均值来反映,即

$$EM_A = \frac{\sum_i (em_{ai}/em_i)}{N_P} \times 100\% \quad (4-65)$$

式中 EM_A——每户本地农业就业人口比重,%;
em_{ai}——第 i 个抽样农户当年农业就业人口数,人;
em_i——第 i 个抽样农户当年就业人口数,人;
N_P——抽样农户数量,户。

● 观测点 44:每户本地非农业就业人口比重 $EM_N(\%)$

数据来源:农村公路建设成效公众调查问卷(典型项目)。

考察方式:有无对比。

量化方法:先由抽样调查农户当年非农业就业人口数与该农户就业人口数之比计算出每个抽样农户本地非农业就业人口比重,则每户本地非农业就业人口比重可通过各抽样农户本地非农业就业人口比重的平均值来反映,即

$$EM_N = \frac{\sum_i (em_{ni}/em_i)}{N_P} \times 100\% \tag{4-66}$$

式中 EM_N——每户本地非农业就业人口比重,%;
em_{ni}——第 i 个抽样农户当年非农业就业人口数,人;
em_i——第 i 个抽样农户当年就业人口数,人;
N_P——抽样农户数量,户。

● 观测点 45:每户外出就业人口比重 $EM_O(\%)$

数据来源:农村公路建设成效公众调查问卷(典型项目)。

考察方式:有无对比。

量化方法:先由抽样调查农户当年外出就业人口数与该农户就业人口数之比计算每个抽样农户外出就业人口比重,则每户外出就业人口比重可通过各抽样农户外出就业人口比重的平均值来反映,即

$$EM_O = \frac{\sum_i (em_{oi}/em_i)}{N_P} \times 100\% \tag{4-67}$$

式中 EM_O——每户外出就业人口比重,%;
em_{oi}——第 i 个抽样农户当年外出就业人口数,人;
em_i——第 i 个抽样农户当年就业人口数,人;
N_P——抽样农户数量,户。

● 观测点 46:7~12 岁学龄儿童入学率 $ED_{7\sim12}(\%)$

数据来源:农村公路建设成效公众调查问卷(典型项目)。

对比方式:有无对比。

量化方法:先由抽样调查农户 7~12 岁学龄儿童入学人数与 7~12 岁学龄儿童总人数之比计算每个抽样农户 7~12 岁学龄儿童入学率,则 7~12 岁学龄儿童入学率可通过各抽样农户 7~12 岁学龄儿童入学率的平均值来反映,即

$$ED_{7\sim12} = \frac{\sum_i (ed_{7\sim12i}/e_{7\sim12i})}{N_P} \times 100\% \tag{4-68}$$

式中　$ED_{7\sim12}$——7～12 岁学龄儿童入学率,%;
　　　$ed_{7\sim12i}$——第 i 个抽样农户 7～12 岁学龄儿童入学人数,人;
　　　$e_{7\sim12i}$——第 i 个抽样农户 7～12 岁学龄儿童总人数,人;
　　　N_P——抽样农户数量,户。

● **观测点 47:12～15 岁学龄儿童入学率 $ED_{12\sim15}$(%)**

数据来源:农村公路建设成效公众调查问卷(典型项目)。

对比方式:有无对比。

量化方法:先由抽样调查农户 12～15 岁学龄儿童入学人数与 12～15 岁学龄儿童总人数之比计算每个抽样农户 12～15 岁学龄儿童入学率,则 12～15 岁学龄儿童入学率可通过各抽样农户 12～15 岁学龄儿童入学率的平均值来反映,即

$$ED_{12\sim15}=\frac{\sum_i(ed_{12\sim15i}/e_{12\sim15i})}{N_P}\times100\% \tag{4-69}$$

式中　$ED_{12\sim15}$——12～15 岁学龄儿童入学率,%;
　　　$ed_{12\sim15i}$——第 i 个抽样农户 12～15 岁学龄儿童入学人数,人;
　　　$e_{12\sim15i}$——第 i 个抽样农户 12～15 岁学龄儿童总人数,人;
　　　N_P——抽样农户数量,户。

● **观测点 48:学龄男童入学率 ED_B(%)**

数据来源:农村公路建设成效公众调查问卷(典型项目)。

对比方式:有无对比。

量化方法:先由抽样调查农户学龄男童入学人数与学龄男童总人数之比计算每个抽样农户学龄男童入学率,则学龄男童入学率可通过各抽样农户学龄男童入学率的平均值来反映,即

$$ED_B=\frac{\sum_i(ed_{bi}/e_{bi})}{N_P}\times100\% \tag{4-70}$$

式中　ED_B——学龄男童入学率,%;
　　　ed_{bi}——第 i 个抽样农户学龄男童入学人数,人;
　　　e_{bi}——第 i 个抽样农户学龄男童总人数,人;
　　　N_P——抽样农户数量,户。

● **观测点 49:学龄女童入学率 ED_W(%)**

数据来源:农村公路建设成效公众调查问卷(典型项目)。

对比方式:有无对比。

量化方法:先由抽样调查农户学龄女童入学人数与学龄女童总人数之比计算每个抽样农户学龄女童入学率,则学龄女童入学率可通过各抽样农户学龄女童入学率的平均值来反映,即

$$ED_W=\frac{\sum_i(ed_{wi}/e_{wi})}{N_P}\times100\% \tag{4-71}$$

式中　ED_W——学龄女童入学率,%;

ed_{wi}——第 i 个抽样农户学龄女童入学人数,人;

e_{wi}——第 i 个抽样农户学龄女童总人数,人;

N_P——抽样农户数量,户。

● 观测点 50:就医习惯 $H_{th}(\%)$

数据来源:农村公路建设成效公众调查问卷(典型项目)。

对比方式:有无对比。

量化方法:就医习惯通过抽样调查农户生病后选择自然痊愈、去医院或诊所接受治疗还是采取其他方式等就医态度发生变化的比例来考察,即

$$H_{th} = \frac{\sum_j ad_j}{N_P} \times 100\% \qquad j = \begin{cases} 1, & \text{变化显著} \\ 2, & \text{变化一般} \\ 3, & \text{没有有化} \\ 4, & \text{其他} \end{cases} \qquad (4-72)$$

式中 H_{th}——就医习惯,%;

ad_j——抽样调查中持第 j($j=1,2,3,4$)种态度的农户数量,人;

N_P——抽样农户数量,户。

● 观测点 51:110 接警时间(min)

数据来源:农村公路建设成效村委会调查问卷(典型项目)。

考察方式:有无对比。

量化方法:通过调查建制村向 110 报警后,警务人员到达报警地的时间来反映。

● 观测点 52:120 急救时间(min)

数据来源:农村公路建设成效村委会调查问卷(典型项目)。

考察方式:有无对比。

量化方法:通过调查建制村向 120 报警后,医务人员到达报警地的时间来反映。

● 观测点 53:119 救灾时间(min)

数据来源:农村公路建设成效村委会调查问卷(典型项目)。

考察方式:有无对比。

量化方法:通过调查建制村向 119 报警后,消防人员到达报警地的时间来反映。

● 观测点 54:对项目的满意情况 $CS(\%)$

数据来源:农村公路建设成效公众调查问卷(典型项目)。

量化方法:对项目建设的满意情况可通过调查农户对农村公路改建项目的满意率来反映,即

$$CS = \frac{\sum cs_P}{N_P} \times 100\% \qquad (4-73)$$

式中 CS——对项目建设的满意情况,%;

cs_P——对农村公路改建项目持满意态度的农户数量,户;

N_P——抽样农户数量,户。

4. 环境影响评价

农村公路典型项目建设成效评价体系中,反映环境影响的评价指标体系如图4-19所示。

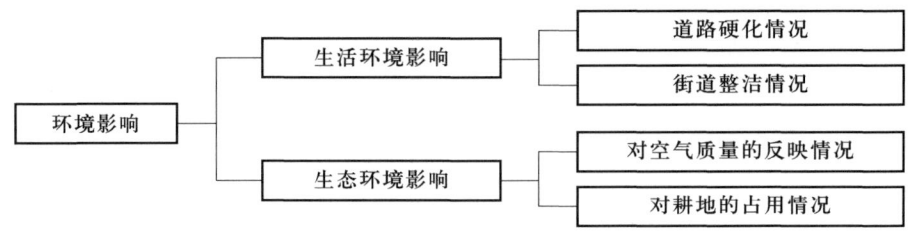

图 4-19 环境影响评价指标体系

典型项目环境影响评价指标体系中各观测点的量化与考察方法如下:

- **观测点 55:道路硬化情况 RP**

  数据来源:农村公路建设成效村委会调查问卷(典型项目)。

  考察方式:有无对比。

  量化方法:通过调查建制村农村公路是否已经进行路面硬化来反映。

- **观测点 56:街道整洁情况 $TC(\%)$**

  数据来源:农村公路建设成效公众调查问卷(典型项目)。

  考察方式:有无对比。

  量化方法:通过调查建制村抽样农户对本村街道整洁与卫生状况各等级评价(良好、尚可、较差、很差)的百分率情况来反映,即

$$TC = \frac{\sum_j ad_j}{N_P} \times 100\% \qquad j = \begin{cases} 1, & \text{良好} \\ 2, & \text{尚可} \\ 3, & \text{较差} \\ 4, & \text{很差} \end{cases} \qquad (4\text{-}74)$$

式中 TC——街道整洁情况,%;

ad_j——抽样调查中持第 j ($j=1,2,3,4$)种态度的农户数量,人;

N_P——抽样农户数量,户。

- **观测点 57:对空气质量的反映情况 $PA(\%)$**

  数据来源:农村公路建设成效公众调查问卷(典型项目)。

  考察方式:有无对比。

  量化方法:对空气质量的反映可通过抽样调查农户对当地空气质量的反应和态度的百分比例情况来反映,即

$$PA = \frac{\sum_j ad_j}{N_P} \times 100\% \qquad j = \begin{cases} 1, & \text{满意} \\ 2, & \text{不满意} \end{cases} \qquad (4\text{-}75)$$

式中 PA——对空气质量的反映情况,%;

ad_j——抽样调查中持第 j ($j=1,2$)种态度的农户数量,人;

N_P——抽样农户数量,户。

● 观测点58：对耕地的占用情况 *LO*

数据来源：农村公路建设成效公众调查问卷（典型项目）。

量化方法：通过抽样调查农户得到农村公路改建项目有无耕地占用现象。

5. 政治影响评价

农村公路典型项目建设成效评价体系中，反映政治影响的评价指标体系如图4-20所示。

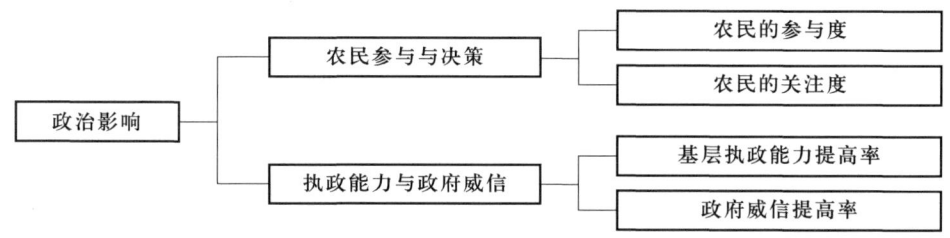

图4-20 政治影响评价指标体系

典型项目政治影响评价指标体系中各观测点的量化与考察方法如下：

● 观测点59：农民的参与度 *PF*(%)

数据来源：农村公路建设成效公众调查问卷（典型项目）。

量化方法：农民参与度可通过抽样调查农户参与农村公路计划、建设以及决策的情况进行考察，即

$$PF = \frac{\sum\limits_{j} ad_j}{N_P} \times 100\% \qquad j = \begin{cases} 1, & \text{参与建设} \\ 2, & \text{提出意见} \\ 3, & \text{没有参与} \end{cases} \qquad (4-76)$$

式中　*PF*——农民的参与度，%；

　　　ad_j——抽样调查中持第 j（j=1,2,3）种态度的农户数量，人；

　　　N_P——抽样农户数量，户。

● 观测点60：农民的关注度 *AF*(%)

数据来源：农村公路建设成效公众调查问卷（典型项目）。

量化方法：农民关注度可通过抽样调查农户对农村公路计划、建设以及决策的关注情况进行考察，即

$$AF = \frac{\sum\limits_{j} ad_j}{N_P} \times 100\% \qquad j = \begin{cases} 1, & \text{非常关注} \\ 2, & \text{偶尔关注} \\ 3, & \text{不关注} \end{cases} \qquad (4-77)$$

式中　*AF*——农民的关注度，%；

　　　ad_j——抽样调查中持第 j（j=1,2,3）种态度的农户数量，人；

　　　N_P——抽样农户数量，户。

● 观测点61：基层执政能力提高率 OC_R(%)

数据来源：农村公路建设成效村委会调查问卷（典型项目）。

考察方式：有无对比。

量化方法：基层执政能力提高率通过调查建制村抽样农户对基层干部在农村公路改建项目过程中，政务处理能力提高程度的评价来反映，即

$$OC_R = \frac{\sum oc_P}{N_P} \times 100\% \qquad (4-78)$$

式中　OC_R——基层执政能力提高率，%；

　　　oc_P——认为基层干部执政能力提高的农户数量，户；

　　　N_P——抽样农户数量，户。

● 观测点 62：政府威信提高率 GP_R（%）

数据来源：农村公路建设成效村委会调查问卷（典型项目）。

考察方式：有无对比。

量化方法：政府威信提高率通过调查建制村抽样农户对在农村公路改建项目过程中，政府威信提高程度的评价来反映，即

$$GP_R = \frac{\sum gp_P}{N_P} \times 100\% \qquad (4-79)$$

式中　GP_R——政府威信提高率，%；

　　　gp_P——认为政府威信得到提高的农户数量，户；

　　　N_P——抽样农户数量，户。

第 5 章

农村公路建设成效评估方法与技术

农村公路建设成效评价是对农村公路建设项目已经发生的事实的总结。通过比较(或对比)的思维估算影响或成效的大小是国际上对项目或政策评估达成的共识。为了准确、科学地衡量农村公路建设对农村地区发展带来的成效,将其他同样可能会对农村发展造成影响的外部影响因素从农村公路建设成效中剔除,在数据收集与评价工作开展之前,应选择适用于农村公路建设成效评估的方法与技术,包括评估设计(Evaluation Design)和评估方法(Estimation Method)两部分内容。

5.1 农村公路建设成效评估设计

评估设计关注下述问题:"如果没有改建农村公路,当地将会是什么情况?农村公路建设后,当地又是什么情况?"只有科学地回答了这个问题,才能通过比较分析估算出农村公路建设所产生的成效大小。因此,需要构建一个虚拟场景(Counterfactual)或可供比较的小组(Comparison/Control Group)。根据比较小组的建立方式,评估设计分为随机实验法(Experimental)和准实验法(Quasi-experimental)两种。

5.1.1 随机实验法

随机实验法是根据一定的研究假设,主动干预或控制研究对象的发生、发展过程,并通过把有干预情况下获得的事实与没有干预情况下的事实进行比较,以确认事物间因果关系,考察实验干预所产生的影响效果的方法。在实验方法中,通过随机抽样的方法抽取规模合适的样本量并随机分配抽样样本,得到规模大小相同的实验组(Treatment Group)与对照组(Control Group)。实验干预的效果可通过比较实验组与对照组考察指标的均值得出。

该方法通过完全的随机化操作(在一个界定的研究群体中,每一部分都有相同的机会被抽取作为研究对象),使两组除实验者所操纵的实验变量(在这里指农村公路)不同外,其余各方面都达到近乎完全相等或相似的程度,从而可以完全消除影响评估精度的选择偏误(Selection Bias)。虽然随机实验在思路与操作上简单明了,然而,由于上述条件在实际中难以实现,因此在进行项目与政策评估的设计时,很少采用基于随机化的实验方法设置用于比较的两个组别。

5.1.2 准实验法

由于在项目评估中,研究者无法随心所欲地在实验情境中采用随机取样方法来分配受试者、控制实验情境,因此准实验法应运而生。准实验法的实验环境是实地情境中已形成的,实验组成员的配置也不是事先设计好的,且不需要对照组的规模与实验组相等。

在准实验法中,通过匹配(Match)技术构建对照组是最为常用的方法。该方法可以使对照组的构建根据实验组的各种特征(如社会经济或个人特征等)进行,从而消除由于不能随机分配调查样本而造成的选择偏误。由于该方法在实际中具有很强的操作性,因此在福建省农村公路建设成效评估中选择准实验法作为评估设计的方法。

在选择准实验法作为成效考察评估设计方法的同时,也决定了福建省农村公路建设成效资料收集与监测必须设立实验组与对照组,调查问卷的设计要同时面向项目影响区与控制区。

5.2 农村公路建设成效评估方法

农村公路建设成效评估是一种项目或政策的后评价工作。在具备数据基础的前提下,应采用统计学的方法,量化项目的影响。因此,评估时应遵循单指标评估的思维,而非综合评价的理念;得出的评估结论也是定量而具体的,并非项目建设效果是优、良、一般等带有模糊性质的综合评价结果。例如,由于农村公路建设,项目影响区的农村居民收入与控制区的居民收入相比,平均高出20%,即完全由农村公路建设所产生的,在提高收入方面的成效是农村公路为当地居民带来20%的家庭收入增加;项目影响区的农村居民与控制区的居民相比,儿童入学率平均高出10%,即完全由农村公路建设所产生的,在提高教育水平方面的成效是农村公路为当地儿童带来10%的入学率提升。

农村公路建设成效评估方法的确定需视评估技术的选择而定。针对准实验法评估技术,可采用多元回归分析、双差法、工具变量法、直接测算法等方法进行农村公路建设成效评估。

5.2.1 多元回归分析

多元回归分析是一种处理多个变量之间统计相关关系的数理统计方法。回归分析的基本思想是:虽然自变量和因变量之间没有严格的、确定性的函数关系,但可以设法找出最能代表它们之间关系的数学表达形式。多元回归分析可以控制并识别实验组与对照组中可观测特征(指标或变量),从而估算农村公路建设所产生的影响,是最为常用的适应准实验法评估技术的方法。多元回归分析的评估模型如下:

$$\ln Y_{ij} = \alpha H_{ij} + \beta V_j + \gamma R_j + \mu_j + \eta_j + \varepsilon_{ij}^y \tag{5-1}$$

式中 Y_{ij}——某层次研究对象的成效考察指标;

H_{ij}——一系列可观测的农户特征;

V_j——可观测的非道路(Non-road)村庄层次的特征;

R_j——村庄层次的道路特征指标;

α——自变量 H_{ij} 的系数;

β——自变量 V_j 的系数；

γ——自变量 R_j 的系数；

μ_j——不可观测的村庄异质性；

η_j——不可观测的农户特征；

ε——农户特质误差向量。

在式(5-1)中，哑元变量 R_j 前面的系数 γ 即为社会经济中各项考察指标所提高或下降的百分率。

5.2.2 双差法

双差法是通过比较项目或政策实施前后效果得到项目或政策对当地的真实影响，因此需要收集实验组与对照组在项目或政策实施前后的基准数据（前测数据）与跟踪数据（后测数据）。该方法既适用于随机实验法，也适用于准实验法。

采用双差法需要进行两次对比。第一次对比是实验组与对照组各自的"前后对比"，是指将二者在项目实施之前与项目完成之后的情况各自加以比较，以确定项目影响。第二次对比是实验组与对照组的"有无对比"，是指将项目实际发生的实验组所受到的影响结果与未实施项目的对照组自然的发展结果进行对比。在实验组与对照组没有项目干预则自然发展情况相同的假设下，二者的差值即是项目的真实影响，如图 5-1(a)所示。同时，为了尽量满足双差法中的假设要求，使得评估结果尽可能真实可靠，在进行项目影响区与控制区选择时，需设计能满足假设要求的抽样方法，以达到如图 5-1(b)所示的假设要求。

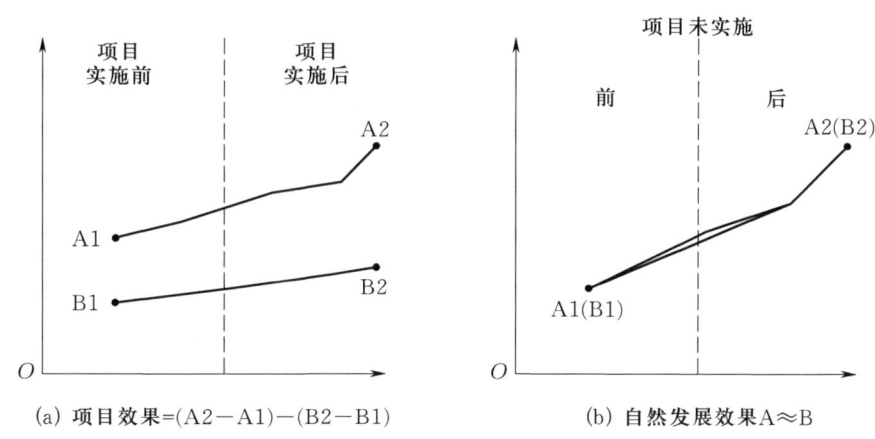

图 5-1 双差法对比示意图

5.2.3 工具变量法

对于工具变量的使用来源于控制遗漏变量（或非观测异质性）偏误的需要。因为双差法不能控制所有遗漏变量，只能控制其中的一部分，即不随时间变化的遗漏变量，而无法控制随时间变化的遗漏变量。事实上，至今也没有任何技术可控制随时间变化的遗漏变量。使用工具变量法的目的在于，在将不可观测变量留在误差项中的基础上，通过两阶段最小二乘法得到的工具变量估计量,而非普通最小二乘法得到的估计量作为评估模型结果。工具变量原理较为复杂,在此不予赘述。

5.2.4 直接测算法

所谓直接测算法,就是依据成效指标的量化定义对其直接进行计算,得到的指标结果即该类指标的成效值。这些指标主要考察公众项目以及项目耕地占用情况等,均为面向项目影响区(处理组)的指标,且指标值不受外部因素的影响。

5.2.5 评估方法比选

选择合适的评估方法将评估结果的各类误差(偏误)降到最低程度,以提高项目评价结果的准确性、可靠性和普适性,是确定选择何种成效评估方法的首要原则;选择的项目成效评估方法应尽可能地控制或消除外部影响因素对项目成效评估所产生的误差。

根据影响因素的可观测情况以及时变情况,可将外部影响因素分为四类;即可观测变量、不可观测变量、时变性变量和非时变性变量。其中,双差法可以消除非时变性影响因素所产生的偏误,而多元回归技术则适合于消除任意性质的可观测因素对结果产生的影响。然而,时变性不可观测因素的存在,使得利用上述两种方法得到的结果仍然是有偏的(有误差的)。因此,为了进一步降低上述类型因素的影响,可以引入工具变量,在承认遗漏变量(即一系列时变性不可观测因素)存在的前提下,通过改变参数估计方法,消除时变性不可观测因素对结果准确性的影响。

5.3 农村公路建设成效评价指标考察方法

虽然 5.2 节所述的基于统计学的项目或政策评估方法可以对农村公路建设所产生的影响作出准确评估,然而,并非所有考察指标都有必要采用上述方法进行评估。在应用上述评估方法时暗含了一个假设,即为了消除由非农村公路建设所带来的村庄或居民其他政策或趋势增长的成效。因此,对于等级公路通村率、等级公路里程率等不受外界因素影响的评价指标而言,采用一般的前后对比方法即可得出科学可靠的考察结论。此外,对于与少数民族协商情况这类指标,其本身就能说明问题,既无法对比也没有对比的必要,因此,通过计算指标本身即可考察。

为了明确农村公路评价指标体系中各项指标的考察方法,为下一步的农村公路建设成效评估打下基础,将对农村公路建设成效评价(世界银行与典型项目两类指标体系)中的评价指标作出在理论与评估方法上的归纳。

5.3.1 世界银行评价指标体系指标考察方法

根据各评价指标的特点,建议农村公路建设成效评价——世界银行评价指标体系中各指标的考察方法如表 5-1 所示。

表 5-1　农村公路建设成效世界银行评价指标考察方法

指标类型	考察方法	
	前后对比或指标计算	评估方法
交通发展影响	● 等级公路通村率 ● 等级公路里程率 ● 客运班线通村率	● 机动车交通量 ● 客运班线日均发车班次 ● 旅客在途时间 ● 货物在途时间 ● 机动车辆运营成本 ● 万车千米事故率
农村经济发展影响	—	● 农村社会总产值增长率 ● 每亩农田收益 ● 非农产业产值比重 ● 农村特色经济增加值占农村社会总产值增加值比重 ● 个体工商户数量
社会影响	● 与少数民族协商情况 ● 对项目建设的满意情况 ● 对项目建设的参与程度	● 农民人均纯收入 ● 贫困率 ● 每户外出就业人口比重 ● 每户本地非农业就业人口比重 ● 学龄儿童入学率 ● 就医习惯 ● 应急与救援服务时间 ● 每户女性非务农就业率
环境影响	● 废方率	● 公众对空气质量的反映情况

5.3.2　典型项目指标体系指标考察方法

农村公路建设成效典型项目评价的目标在于揭示农村公路建设所产生的，除世界银行关心效果之外的，与我国社会主义新农村建设相关的影响效果。由于典型项目的样本量无论是在村庄还是在居民层面，与世界银行评价相比远远要少，涉及范围只有项目影响区与控制区中的各一个建制村的 40 户居民。因此，其考察指标在评估方法的选择上较世界银行体系略有不同，根据各评价指标的特点，建议农村公路建设成效评价——典型项目评价指标体系中各指标的考察方法如表 5-2 所示。

表 5-2　农村公路建设成效典型项目评价指标考察方法

指标类型	考察方法	
	前后对比或指标计算	评估方法
交通发展影响	● 机动车交通量 ● 客运班线开通情况 ● 客运班线日均发车班次	● 到达乘车点所需时间 ● 步行出行比例 ● 自行车出行比例 ● 摩托车出行比例 ● 机动三轮车出行比例

续表

指标类型	考察方法	
	前后对比或指标计算	评估方法
交通发展影响	● 摩托车辆运营成本 ● 机动三轮车运营成本 ● 拖拉机运营成本 ● 农用车运营成本	● 拖拉机出行比例 ● 农用车出行比例 ● 公路客车出行比例 ● 农村居民至生产工作地点时间 ● 农村居民至集贸市场时间 ● 农村居民至医院时间 ● 农村居民至学校时间 ● 农村居民至乡镇时间 ● 农村居民至县城时间 ● 货物至集贸市场时间 ● 货物至乡镇时间 ● 货物至县城时间
农村经济发展影响	● 农村社会总产值增长率 ● 主要经济作物种植面积比重 ● 机耕面积率 ● 非农产业产值比重 ● 乡镇企业数量 ● 个体工商户数量 ● 特色非农经济产值增长率	● 每亩农田收益
社会影响	● 恩格尔系数 ● 贫困率 ● 110 接警时间 ● 120 急救时间 ● 119 救灾时间 ● 对项目的满意情况	● 农民人均纯收入 ● 从事种植业占农民家庭总收入比重 ● 从事林业占农民家庭总收入比重 ● 从事畜牧业占农民家庭总收入比重 ● 从事渔业占农民家庭总收入比重 ● 从事二、三产业占农民家庭总收入比重 ● 农民人均生活消费支出 ● 人均住房面积 ● 每户本地农业就业人口比重 ● 每户本地非农业就业人口比重 ● 每户外出就业人口比重 ● 7~12 岁学龄儿童入学率 ● 12~15 岁学龄儿童入学率 ● 学龄男童入学率 ● 学龄女童入学率 ● 就医习惯
环境影响	● 道路硬化情况 ● 街道整洁情况 ● 对耕地的占用情况	● 对空气质量的反映情况
政治影响	● 农民的参与度 ● 农民的关注度 ● 基层执政能力提高率 ● 政府威信提高率	—

5.4 农村公路建设成效评估的时空范围

为了将农村公路建设所带来的成效从其他影响与作用因素中分离出来,针对前述实验组与对照组的构建要求,应采用划分项目影响区与非影响区(控制区)的方式,在其中相应地建立实验组与对照组。因此,正确划分影响区与控制区,选取合适的调查数据的时间范围是农村公路建设成效资料收集与监测的基础。

5.4.1 影响区与控制区选择

1. 项目影响区的确定

公路建设项目影响区域的划分主要依据公路的吸引范围、公路的等级、公路网状况、综合运输网络及其他运输方式状况、公路沿线及周边地区人文与地理状况等因素综合而定。通常公路建设项目影响区域划分主要有以下两种基本方法:

(1) 以公路为中轴线,向两侧各扩展一定距离(如 10~50 km)划线,形成一条受项目影响的带状经济区域,同时以各处交通枢纽或交会点为依据,按其规模及运量大小,向四周扩展一定范围,运用经济地理学的点-轴系统理论划分。该方法的优点是在理论上的计算结果相对精确,但在资料收集、数据处理等实际操作上都存在很大的困难。

(2) 以公路线路所经过的行政区来划分影响区域。由于我国统计资料都是按行政区域来统计核算的,因此该方法便于数据收集和处理,符合我国国情。

2. 项目控制区的确定

农村公路建设项目的控制区可按下列标准确定:

(1) 改建前,该地区的道路交通条件、道路等级与项目影响区的农村公路类似。

(2) 该地区尚未开展农村公路改建工作。

(3) 该地区不受任何农村公路改建项目的影响。

5.4.2 数据收集的时间范围

为了使用双差法考察农村公路建设前后对当地社会经济的影响,除了需要在空间上划分项目的影响区与控制区外,还需收集农村公路、村庄以及农民在不同时期的各类交通特征与社会经济数据。

第6章

农村公路建设成效资料收集方法

6.1 农村公路建设成效资料考察类型

根据对评价所需信息的类别以及信息的可获得性进行划分,通常可将项目建设成效数据的收集方式划分为普查和抽样调查两种。

6.1.1 采用普查方式收集的成效资料

普查又叫全面调查,是指出于一定的目的而针对所有对象进行考察的一种调查。其中,所要考察的全体叫作总体,而组成总体的每一个考察对象叫作个体。根据福建省农村公路建设成效评价指标体系中各指标的量化与考察方式,最终确定福建省农村公路建设成效资料收集与监测中的普查内容,包括交通基础设施、交通服务(除交通量外)等需在福建全省范围内进行全体考察才能确定成效的评价指标,对应于县级层面的农村公路建设成效资料收集与调查。

6.1.2 采用抽样调查方式收集的成效资料

所谓抽样调查,指的是从总体中抽取一部分个体进行调查。其中,从总体中抽取的这一部分个体叫作总体的一个样本。抽样调查所对应的调查内容是受到人力、物力、财力所限难以在本次成效调查中全部体现的内容,包括影响区与控制区农村公路的产出状况与产出结果、村庄的社会和经济发展状况、农民生产生活情况等内容。

6.2 农村公路建设成效资料来源分析

通过了解试调查工作中农村公路建设成效资料的存放地点与储存方式,最终确定资料来源如表6-1所示。

表6-1 农村公路建设成效资料来源

调查目标	交通类	农村经济类	社会发展类	环境类
数据来源	县(市、区)交通局 县(市、区)运管局	乡(镇、街道)政府 村委会	村委会 农户	县(市、区)交通局 农户

6.2.1 农村公路建设成效普查资料来源

农村公路建设成效资料收集与监测中的普查内容包括交通基础设施和交通服务。上述资料以统计报表的形式保存于福建省各县(市、区)交通局、运管局。农村公路建设成效普查内容及来源如表6-2所示。

表6-2 农村公路建设成效普查内容及来源

调查内容	资料来源	资料保存方式
交通基础设施	各县(市、区)交通局	县(市、区)农村公路里程统计表
交通服务	各县(市、区)运管局	县(市、区)农村地区客运交通服务情况统计表

6.2.2 农村公路建设成效抽样调查资料来源

农村公路建设成效资料收集与监测中的抽样调查内容包括：影响区与控制区农村公路的产出状况、产出结果，村庄的社会和经济发展情况，农民的生产生活情况等内容，覆盖县(市、区)、乡(镇)、村和村民四个层面的考察对象。其中，涉及县(市、区)、乡(镇)层面的资料保存形式多为统计报表形式，而有关农民与村委情况的资料则需要通过实地调查才能获得。农村公路建设成效抽样调查内容及来源如表6-3所示。

表6-3 农村公路建设成效抽样调查内容及来源

调查内容	资料来源	资料保存方式
交通安全	农户、村委会	无统计资料，需实地调查获得
交通经济效益	农户、村委会	无统计资料，需实地调查获得
社会影响	农户、村委会	无统计资料，需实地调查获得
农村经济发展	乡(镇、街道)政府	乡(镇、街道)社会经济统计资料
环境影响	各县(市、区)交通局	县(市、区)农村公路建设情况统计表

6.3 农村公路建设成效调查方法比选

6.3.1 成效资料收集方法选择原则

在确定农村公路建设成效数据与资料收集方法时，应遵循下列原则。

(1)科学性原则。不同调查层次农村公路建设成效数据与资料收集方式的确定，应根据调查指标和收集数据应达到的准确程度，采用合适的方式，准确地调查和收集成效资料。

(2)可行性原则。由于农村公路建设成效资料调查工作量大，调查过程耗时费力。因此，在保证数据与资料收集达到规定准确度的前提下，应尽量选择节省时间、人力、物力、财力的资料收集方式,用较低的代价获取较高可靠性的数据。

(3) 分类收集原则。制定多层面、多种类的调查表格或问卷,针对县(市、区)、乡(镇)、村以及村民等不同层面,采取不同的资料收集方法。

6.3.2 成效资料收集方法的比较

借助社会调查这一研究工具,可以完成项目建设成效评价所需信息、资料和数据的收集工作。按照信息、资料和数据的获取方式,项目建设成效调查方法通常包括以下几种。

1. 利用现有资料法

利用现有资料法又称文献调查法,即通过查阅相关的文献资料,获取有关的项目信息。

利用现有资料法的优点如下。

(1) 效率高、费用少,能够以较少的人力、费用和时间,获得比其他直接调查方法更为全面翔实的社会信息。

(2) 可以跨越时空的限制,了解有关项目的全面情况。

利用现有资料法的缺点如下。

(1) 由于文献资料不是一手资料,难免或多或少地体现作者本人的观点甚至偏见。

(2) 由于要受到时间、空间和社会条件的限制,文献资料不可能全面反映客观事物的本来面貌,尤其是不能从发展的角度看待问题。

2. 问卷调查法

问卷调查法是一种以书面提问的方式获取信息的方法,它要求所有被调查者按照统一的格式回答同样的问题。问卷调查法所获得的信息易于定量、便于对比。

问卷主要由需要调查的一系列问题和答题的方式构成。问卷中的问题可以采取开放、封闭或者半开放半封闭的形式。

(1) 开放式问题不提供答案的具体内容,完全让调查者用自己的语言回答问题。其优点是能获得比封闭式问题更多的信息,缺点是答案标准化程度低,不便于定量和对比分析,还难免出现许多不准确甚至答非所问的信息。

(2) 封闭式问题就是调查者先规定问题的几个答案,再让被调查者选定自己认为合适的答案。显然,通过这种调查获得的信息标准化程度高,便于定量和对比分析;但封闭式问题不利于被调查者充分表达自己的观点。有时被调查者还会因对规定的答案都不满意而不作选择。

(3) 在实践中,用得最多的通常是半开放、半封闭式的问题,即对某问题调查者先给出几种答案,让被调查者选择,然后要求其回答选择某一个或几个答案的理由。这种半开放半封闭式的问题,既便于定量和对比分析,又能获得较多的信息。

3. 专家讨论会法

由于建设项目影响着经济与社会的许多方面,这就要求项目的评价者必须收集和分析各种各样的信息。虽然项目评价者有自身的特长,但不可能面面俱到。因此,在实际收集资料和进行社会影响分析时,常常需要求助其他专业的专家。专家讨论会法就是邀请有关专家开会,根据被评项目的调查提纲进行讨论,为项目评价提供各种各样的信息。

4. 访谈法

访谈法又称访问调查法,即调查人员主要通过与被调查者以口头交谈的方式了解项目信息的方法。按被访问者的人数划分,访谈法可分为个别访谈法和集体访谈法。

(1) 个别访谈法是对项目参与者、项目的利益群体以及一些重要信息提供者的个别访谈,有助于全面了解项目可能涉及的政治、经济、社会、文化等方面的问题,更重要的是能了解项目目标群体的观点、态度、看法和感受等信息。个别访谈法通常分为三种类型:非结构化访谈、重点问题访谈和标准化访谈。

(2) 集体访谈法就是召集被调查者开会讨论和交流,以收集信息。这是一种省时、省力、高效的访谈法,不仅能实现调查者和被调查者之间的交流,也能达成被调查者之间的交流。但一些涉及保密性、隐私性的问题则不宜在集体访谈中调查,因为人们往往不愿意在公开场合谈及此类问题。

5. 现场观察法

现场观察法也叫实地观察法,即调查者深入现场获取所需信息和资料的方法,是项目建设成效调查的一种基本方法。同前述的访谈法一样,现场观察法也是一种直接调查方法。其最大优点是具有直观性和可靠性,但是这种方法获得的信息往往带有一定的偶然性和表面性。此外,受到时空等条件的限制,许多信息不能或不宜进行现场参观和考察。所以在实际调查中,现场观察法常和文献调查法、问卷调查法等结合使用。

6. 参与式观察法

参与式观察法就是将调查者作为项目目标群体的一员,通过耳闻目睹收集社会信息的方法,是一种高效、直接的调查方法。

参与式调查法的优点如下。

(1) 可获得的社会信息通常是真实和准确的,这些信息甚至还包括一些项目受益人可能未意识到的细节。

(2) 参与者可以参观或亲身体验社区环境中某种变化或某个现象的全部过程。

(3) 参与者有可能了解社区中那些不能或不愿明确反映自己所处的困境和面临问题的人的需求和生活方式。

参与式调查法的缺点如下。

(1) 该方法要求调查者在比较长的时间(至少几个月)生活在项目所在地,这无疑需要较多的费用。

(2) 要真正成为当地社会的成员,并取得当地人的信任,往往会因语言和生活习惯不同而不容易做到。

(3) 如果项目的评价范围涉及的地区很广,该方法就更难以被普遍采用,而如果只在少数社区实施,又难免代表性不足。因此,该方法只适用于分析评价范围较小的项目的有关信息收集。

6.3.3 成效资料收集方法的确定

综合考量上述各种调查方式与方法的利弊,在确保样本的回收率和数据的真实性及可靠性的基础上,灵活选择适合的调查方式或调查方式的组合来收集福建省农村公路建设成效资料,具体如下。

(1) 利用相关部门现有资料和填写表格。将所需资料归纳设计成各项调查表格,在全省范围内所有县(市、区)的交通局、运管局及相关部门开展调查,整理汇总、收集农村公路改建项目实施以来的相关资料,填写相关表格。

(2) 询问、访谈和问卷调查。在项目影响区和控制区,通过筛选具有典型性和代表性的农村公路和村镇,根据事先设计的调查表格,由调查员深入乡镇、村庄对有关人员和农户进行询问和访谈调查。

(3) 现场观测。在项目影响区和控制区,通过现场观测的方式,根据交通量观测表,对农村公路上的机动车与非机动车的交通量进行观测。

调查内容与调查方式方法对应情况如表6-4所示。

表6-4 调查内容与调查方式方法对应情况表

调查方法	调查内容	调查方式
普查	农村交通基础设施与交通服务情况	收集整理资料与填表
抽样调查	农村公路改建项目路基土石方数量	收集整理资料与填表
	农村公路对农村经济发展的影响	问卷调查
	农村公路对社会与环境的影响	问卷调查
	农村公路交通经济效益	问卷调查
	农村公路交通流量	现场观测

6.4 成效资料调查表格及问卷设计

在福建省农村公路建设成效资料收集阶段,建立农村公路建设成效评价指标体系的最终目的是指导评价所需资料的收集,设计出科学合理的调查内容以及相应的调查表格,开展农村公路建设成效资料的收集与监测工作。

6.4.1 调查表格的构成

调查表格的形式因选择现象、调查项目的范围及调查方式等条件的不同而不同,因此,无法对所有的调查表格的设计方法进行详细阐述。通常情况下,调查表格由以下几部分内容构成。

(1) 调查说明,包括:向被调查者的致意、调查者的自我介绍、调查的目的,数据的用途以及调查者的联系方式等。这是取得被调查者信任、争取合作的最为重要的一步。

(2) 填写注意事项,包括:简要的说明以及填写例题等。

(3) 调查对象的基本特征,包括:被调查者自身的特征变量,如年龄、性别、职业等。

(4) 与调查指标和变量相关的问题,例如,被调查者的出行时间、个人收入等。

6.4.2 调查表格及问卷设计应注意的问题

在设计调查表格及问卷时,下列问题与事实应引起设计者及调查人员的注意。

(1) 调查者对回答的内容不承担任何责任。

(2) 尽管被调查者可能会给予合作,但是在回答问题时难免会有被添麻烦的心情。

(3) 尽管有些问题得到了回答,但如果被调查者曲解了(或不理解)调查者的意图,那么有些回答可能是毫无意义的。

(4) 事后很难发现回答是否存在错误。特别是对于概念的错误表述和需要被调查者发表主观观点的回答,只要不与其他的回答产生矛盾,就很难被发现。

(5) 可能会由于一个问题的缺陷,而导致调查结果无法使用。

(6) 被调查者可能根本不阅读问卷的说明和填写例题。因此,不需要在调查问卷中详细列出填写方法。

(7) 不要过于相信被调查者的理解力。应当按照最低的理解力,使用最简练的语言,设计最容易理解的问题。

(8) 避免出现可能有多种解释的问题,尽量避免使用专业术语,特别是与通常意义不同的术语。

(9) 根据思考的基本过程设置问题的顺序,将更容易得到正确的数据。反之,人们则容易对意义跳跃的问题失去回答的兴趣,从而导致人们不认真回答问题。

(10) 应当尽量减少调查问题,不要一开始就给人"太麻烦了"的印象,从而使人拒绝回答问题。

第7章

农村公路建设成效抽样调查设计

农村公路建设成效抽样调查设计的主要任务是研究确定选取何种抽样方法、抽取多大的样本量,使得通过抽样调查得到的成效结果既能代表总体情况,又能满足样本对总体估计结果的可靠性要求;同时,为资料收集调查方案的制定提供技术支撑。

7.1 抽样调查设计准备

抽样调查方法的理论依据来自概率与数理统计,基本思路是从研究对象(总体)中抽出一部分(样本)进行调查和分析,以获得数据,并对研究对象(总体)的一定目标量(参数)作出判断。

7.1.1 抽样调查设计原则

为了确保抽取的样本具有一定的代表性,即样本能充分反映总体的特性,避免局部性和偏离性样本的出现,需要设计和选取一定的抽样调查策略。农村公路建设项目成效调查与资料收集工作是一项大规模的调查工作,为了实现最佳抽样效果,在抽样调查设计中应注意以下几个基本原则。

(1) 科学性。作为一次较大规模的抽样调查,整体抽样的方案必须是严格的概率抽样,使得样本具有较强的代表性。同时,抽样的方案设计应使最后所得的调查精度尽可能高,目标量估计的抽样误差尽可能小。

(2) 经济性。抽样调查方案应根据抽样调查的目的和要求,结合进行抽样调查所投入的人力、物力和财力,尽可能用最小的投入取得最大的效益。

(3) 可操作性。抽样方案必须在实践中保持有较强的可行性和易操作性,这样才能保证抽样调查顺利地取得合乎要求的资料。

(4) 连续性。抽样设计还必须具有连续性,即保持样本既能连续使用,又能进行必要的轮换。

7.1.2 抽样调查目标界定

在农村公路建设成效资料收集与调查中,选择了交通、经济、社会、环境四方面的23个指标作为抽样调查指标。这些选择的指标不但在理论上能够较全面地反映农村公路建设成效的考察要求,而且都有着明确的定义,具有较好的可操作性。此外,为了方便开展资料收集以及调查工作,设定了一些能够直接从当地统计年报中收集的指标,如农村社会生产总值、农民人均年收入等。

上述调查主要给出两类目标量的估计:一类是总体的各种比例,如贫困率、就业率等,关于比例的调查项目约占25%;另一类是总体的某些均值,如旅客平均在途时间、平均每亩农田收益等,关于均值的调查项目约占75%。

7.2 抽样调查样本量的确定

7.2.1 样本量的确定原则

通常情况下,样本量大小的确定需要考虑调查目的、数据分析的性质、抽样方法、精度要求,以及实际操作的可行性、经费承受能力等,样本量的确定原则主要包括以下几项。

(1) 研究对象的变化程度,即变异程度。研究的问题越复杂、差异越大时,样本量要求越大。

(2) 要求和允许的误差大小,即精度要求。精度要求越高、可推断性要求越高时,样本量要求越大。

(3) 要求推断的置信度。根据需要,置信度可相应取99%、95%或90%。

(4) 总体大小。总体量越大,样本量也要相对增加,但在总体量很大的情况下,计算样本量时可以忽略掉总体。

(5) 抽样方法。抽样方法决定设计效应的值,因此,设计采用抽样调查方法的复杂程度将直接决定样本量的大小。

7.2.2 确定总样本量

根据抽样调查的对象进行分类,分别提出确定农村公路、建制村以及农户三类项目的调查样本量的计算方法。

1. 农村公路与建制村

由于农村公路和建制村一一对应,因此农村公路和建制村抽样调查的样本量相同,农村公路调查与村庄调查同时进行。由于农村公路与建制村调查所考察的主要目标量是总体的各种比例,使用目标量的估计应具有尽可能高的精度以及易于进行数据处理,所以采用估计简单随机抽样总体比例 P 时的样本量为基础,并在简单随机抽样样本量的基础上乘以相应的设计效应,计算农村公路和建制村的样本量。

根据统计学的抽样调查原理,在简单随机抽样的条件下,样本量的计算公式为

$$n_0 = \frac{Z^2 S_P^2}{d^2} \tag{7-1}$$

式中 n_0——所需样本量;

Z——置信水平的 Z 统计量,95%置信水平下为1.96,90%置信水平下为1.65;

S_P——样本比例 P 的标准差;

d——样本比例 P 的最大允许绝对误差,在实际应用中就是调查允许误差。

则本次抽样调查样本量可由式(7-2)计算得出

$$\begin{cases} n = n_0 \cdot deff \\ deff = V(\theta)/V_{SRS}(\theta) \end{cases} \quad (7\text{-}2)$$

式中 n——本次抽样调查所需样本总量;

$deff$——设计效应;

$V(\theta)$——所考虑的抽样设计下,总体未知参数 θ 的估计量的方差;

$V_{SRS}(\theta)$——相同样本量的简单随机抽样下,参数 θ 的估计量的方差。

由于缺乏先验性经验,所以总体的标准差难以确定,根据统计学知识,引入变异系数:变异系数 CV = 标准差 S / 均值 X = 1。

将式(7-1)变形为

$$n_0 = \frac{Z^2(S^2/X^2)}{d^2/X^2} = \frac{Z^2 CV^2}{P^2} \quad (7\text{-}3)$$

式中,P 为最大允许误差。

通常,变异系数为 1 的情况较少。在事先缺乏对比例的估计时,可以采用最保守的估计法,估计目标比例期望值为 50%,即变异系数为 0.5。这样简单随机抽样的样本量可以进一步缩小,不同置信水平、不同最大允许误差下的所需最小样本量如表 7-1 所示。

表 7-1 简单随机抽样所需的最小样本量

P/%	置信度 90% 所需样本量	置信度 95% 所需样本量	置信度 99% 所需样本量
1	6 806	9 604	16 641
2	1 702	2 401	4 160
3	756	1 067	1 849
4	425	600	1 040
5	272	384	666
6	189	267	462
7	139	196	340

由于没有先验误差以及置信度,采用常用参数:置信度为 90%,抽样误差在 20% 之内。由于本次调查的抽样方法为分层三阶段 PPS 随机抽样调查,属于复杂抽样设计。根据理论分析和实际经验,经过分层的三阶段不等概率抽样的设计效应大约为 2,因此,由式(7-1)—式(7-3)可计算出,福建省全省范围内 993 个影响区村庄(农村公路)所需要的农村公路和建制村样本量为 34 个。

2. 农户

由于基于农户的各调查指标的统计结果主要是估计各种比例数据以及进行比例数据之间的比较,因此抽样调查总样本量的确定方法同农村公路与建制村。

3. 初级抽样单元

以各县(市、区)为调查单元的初级抽样单元(Primary Sampling Unit,PSU)中各项调查目标的资料收集采用的是全面调查(普查)的方式,并不需要进行样本量的计算。虽然方案中没有要求,但由于 PSU 是抽样方案设计和决策的基础,同时 PSU 的大小也是影响抽样误差的主要因素之一,因此应结合调查实际,予以科学计算。

样本量与调查费用密切相关,在简单随机抽样下,若给定费用要求,则可通过费用函数确定 PSU 样本量。调查费用函数为

$$C_t = C_0 + CN \tag{7-4}$$

式中 C_t——调查总预算费用;
C_0——与样本量无关的固定调查费用;
C——调查一个样本单元所需的平均费用;
N——初级抽样单元 PSU 的样本量。

7.3 抽样方案步骤与过程

7.3.1 初级抽样单元的抽取

1. 实验组抽样框中 PSU 的抽取

以各县(市、区)的农村公路改建项目数作为辅助信息,采用 PPS(不等概率抽样),抽出 14 个 PSU。各县(市、区)被抽中的概率为

$$P_{PSU} = \frac{N_{Ri}}{\sum_{i=1}^{n} N_{Ri}} \times 100\% \tag{7-5}$$

式中 P_{PSU}——各初级抽样单元(县、市、区)被抽样中的概率,%;
N_{Ri}——第 i 个县(市、区)的农村公路改建项目数量,条。

具体抽样过程如下。

(1) 按照各设区市被抽中的概率分配随机号码数量。
(2) 给每个县(市、区)一个随机号码,并从低到高排序。
(3) 按照 PPS 法选取 14 个县(市、区),如果某些县(市、区)农村公路改建项目过多,那么该县(市、区)可能会被抽中 2 次或更多次。

2. 对照组抽样框中 PSU 的抽取

以各县(市、区)尚未改建的等外公路或无铺装路面的农村公路数作为辅助信息,采用 PPS(不等概率抽样),抽出 10 个 PSU。各县(市、区)被抽中概率的计算方法及抽样过程同实验组。

7.3.2 二级抽样单元的抽取

1. 实验组抽样框中村委会的抽取

二级单元的抽取采用的是两阶段的抽样方法。考虑本项目考察的是农村公路的建设

成效,因此为了摸清各类改建前后不同交通条件农村公路的成效,在第一阶段以各建制村的农村公路路况为辅助信息,按表 7-2 所示划分为 3 层。每层抽取的农村公路改建项目数为

$$m_i = \frac{M_i}{M} \cdot n \tag{7-6}$$

式中　m_i——第 i 层应抽取的农村公路数量;

　　　M_i——第 i 层所拥有的全部农村公路数量;

　　　M——14 个 PSU 中所拥有的全部农村公路数量;

　　　n——影响区村庄(农村公路)所需要的农村公路和建制村样本量。

表 7-2　"实验组"抽样框二级抽样单位分层情况

层次	农村公路路况
1	路况较差的全天候公路
2	只有在良好天气条件下才可通行的公路
3	需要重大改建,作为连接行政村且只需铺装路面的公路

第二阶段各层不同 PSU 抽取样本道路条数按照与农村公路条数成正比例的不等概率随机抽取的办法进行抽取。

2. 对照组抽样框中村委会的抽取

科学恰当地选择对照组是准确考察与反映福建省农村公路建设成效的关键。为了减少对照组与实验组尚无农村公路改建项目时,在社会经济、地理特征、人口规模、交通状况等影响农村公路成效评估关键因素上的差异,摒弃除农村公路外的,对农村发展、农民生活改善起作用的政策、自然禀赋等村庄层次的外部环境的影响,精确衡量农村公路建设成效。本书设计了先抽样实验组,再根据实验组的特征去抽样对照组的方法来进行对照组二级抽样单元的样本选择工作。

7.3.3　三级抽样单元的抽取

在这一阶段,实验组与对照组的农户抽样方法相同,即均采用等距抽样方法。在每个确定的抽样村委会中,根据村委会的住户名册资料进行农户抽样,从每个村委抽取 12 户进行入户调查,具体可采用随机等距抽样方法:按住址号码将全村委会的农户排列,用该村委会总户数除以样本户 12 的商 k(不能除尽时取最接近的整数)作为抽样间距,先在 $1,2,\cdots,k$ 中随机抽取一个整数 a,并以它作为起始单元的编号,则容量为 12 的农户样本由下列编号:$a,a+k,a+2k,\cdots,a+11k$ 对应抽样村的抽样农户构成。

7.3.4　最终抽样单元的选取

Kish Grid 抽样是按照概率相等的原则从家庭中选择一个合格的被调查对象的方法。为了采用随机化的方式抽取个体被调查对象,根据 Kish Grid 抽样方法从样本户中选取一

名合格的被调查对象。具体步骤如下。

(1) 确定抽样框(户名册)。确定个体抽样框时有两个限制条件:第一,具有本地的常住户口;第二,年龄为18~69岁,包括18岁和69岁的人。

(2) 为抽样框中符合条件的成员,按顺序编上相应的序号。

(3) 调查人员根据事先随机分配的一张选择表格,从户名册中选取一人作为被调查对象。

7.4 资料统计分析方法

7.4.1 基于统计分析的指标分类

在进行农村公路建设项目影响评价前,对调查得到的农村公路建设成效收集与监测资料进行科学的加工整理,使之条理化、系统化,把反映总体单位的大量原始资料,转化为反映总体的基本统计指标。统计工作的这一过程,称为统计资料的整理。统计整理与分析介于资料调查和成效评价之间,在农村公路建设影响评价工作中起到承上启下的作用,既是资料调查阶段的继续,又是农村公路建设影响评价的基础和前提。

统计指标是指用来刻画与描述各个指标总体状况和分布特征的统计量,它们是农村公路建设影响统计指标的一种重要表达形式。按照其反映的内容或其数值表现形式,可以分为总量指标、相对指标和平均指标三种。

(1) 总量指标。总量指标是反映某种社会经济现象在一定时间、空间和条件下的总规模、总水平或工作总量的统计指标,通常以绝对数的形式来表现。总量指标按其反映的时间状况不同又可以分为时期指标和时点指标。时期指标反映的是现象在一段时期内的总量,如农村公路总里程;时点指标反映的是现象在某一时刻上的总量,如单位里程农村客运成本。时点数通常不能累计,各时点数累计后没有实际意义。

(2) 相对指标。相对指标是两个有联系的现象数值的比率,用以反映现象的发展程度、结构、强度、普遍程度或比例关系。在统计分析中运用相对指标,能够更清楚地认识现象之间的关系,可以使不能直接对比的现象找到可以对比的基础。相对指标的表现形式通常为比例和比率两种。

(3) 平均指标。平均指标又称平均数或均值,它反映的是现象在某一空间或时间上的平均数量状况。平均指标按计算和确定的方法不同,分为算术平均数、调和平均数、几何平均数、众数和中位数。

7.4.2 面向统计分析的统计工具选择

国际上常用的统计软件有 SPSS、Stata、SAS、Excel 等。统计软件的选取应以功能满足整理与分析需求、结果展示清晰易懂、操作简单、界面友好等为原则。综合考虑上述选择原则,对统计分析的软件工具作出如下选择。

1. 统计整理阶段

选择 Microsoft 公司的 Excel 2007 软件作为统计整理工具,其操作界面如图 7-1 所示。

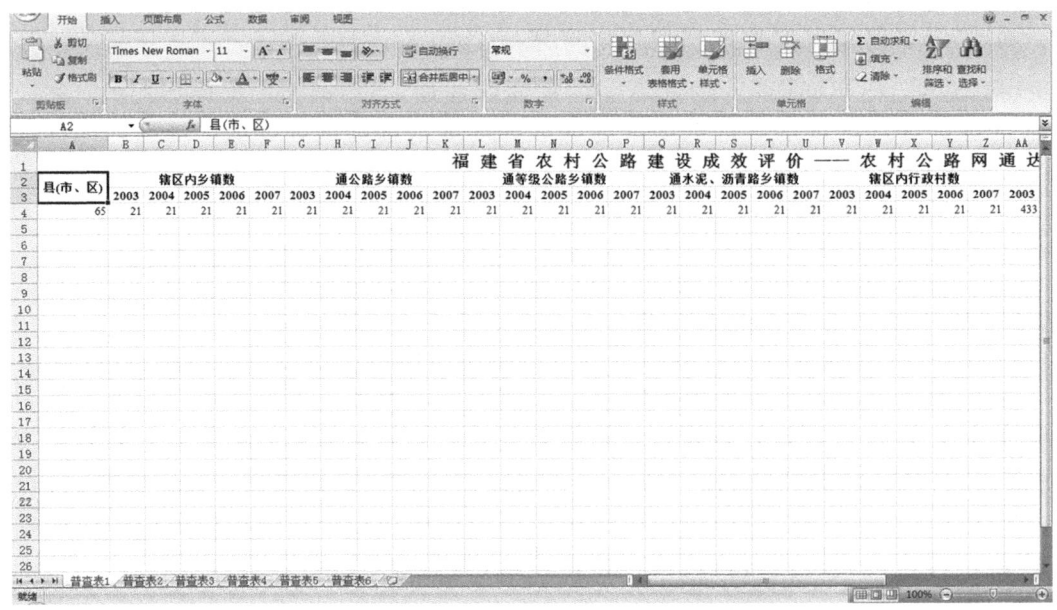

图 7-1　统计整理工具——Excel 2007 软件操作界面

2. 统计分析阶段

选择 SPSS 公司的 SPSS Statistics 17.0 软件以及 Stata 公司的 Stata 10.0 作为统计整理工具,分别如图 7-2、图 7-3 所示。

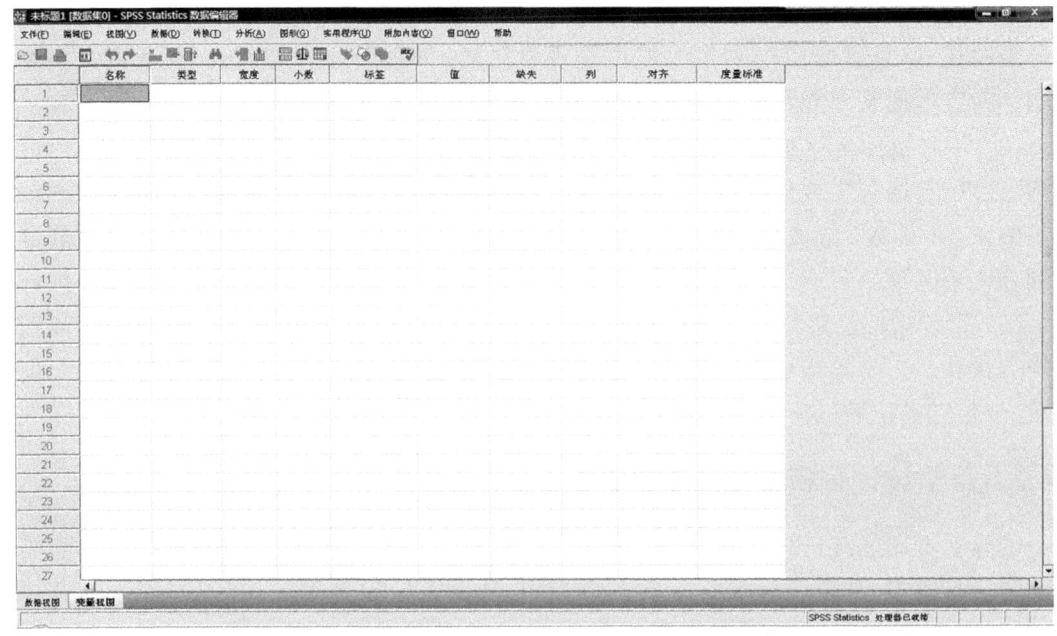

图 7-2　统计分析工具——SPSS Statistics 17.0 软件操作界面

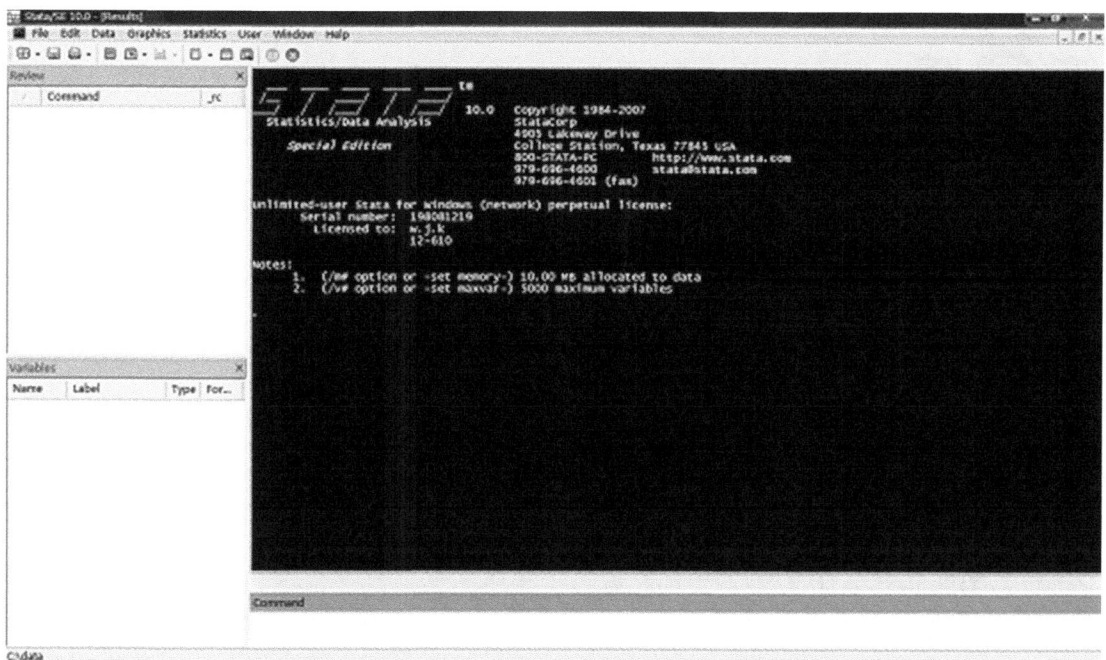

图 7-3 统计分析工具——Stata 10.0 软件操作界面

第8章

实例研究:福建省农村公路建设项目影响评价

8.1 福建省农村公路发展现状及特点

福建省地处中国东南沿海,东濒台湾海峡,与台湾省隔海相望,北连长江三角洲,南接珠江三角洲,东、南、北方均为中国经济发达地区。福建省公共投资在20世纪60年代至80年代期间受到了限制,直到20世纪90年代,才恢复到与其社会经济发展相适应的水平。截至2009年,与我国其他经济发达地区相比,福建省公路交通基础设施无论在数量与质量方面均较为落后,并对其社会经济发展造成了影响。例如,虽然福建省每百平方千米或每百万人均公路密度与全国以及其相邻省份的平均水平相当,但低等级(四级)公路和等外公路所占比例则高达81%,人均GDP也仅为同为沿海地区的经济发达省份的66%~73%。

福建省发达地区集中在面积占30%的沿海狭长地带,而在占其陆地面积高达70%的沿海地区西部山区,经济则较为落后。在交通不便的偏远地区,等外公路和低等级公路所提供的交通出行条件很有限,在雨季几乎无法通行,从而导致了较高的交通成本,也遏制了各方投资的积极性。因此,改善农村路网条件已成为当时福建省统筹城乡协调发展,实现社会经济可持续发展的一个关键因素。

2004年,福建省交通厅设立了旨在援助改善农村地区公路网(县道、乡道和村道,总里程35 000 km)道路条件的"农村公路改建项目",需筹集约80亿元人民币的配套补助资金。为弥补资金缺口,福建省以"部门贷款"(Sector Investment Project)方式从世界银行获得一笔贷款,从7 250 km、共1 015个项目的农村公路项目库中,选取符合标准的农村公路提款报账。"年万里农村路网工程"实施至2009年,福建省农村公路迅速发展,因此,有必要对福建省农村公路建设成效进行系统的总结和评价,以满足世界银行贷款评估的要求,并为福建省农村公路的进一步建设,投资效率的进一步提高提供实践经验以及理论上的支持。

截至2009年底,福建省农村公路里程已达到近8万km,其中县道13 477 km,乡道35 604 km,村道30 003 km。二级以上公路里程为2 384 km,占农村公路总里程的3%,等外公路里程为21 734 km,占农村公路总里程的26.7%(表8-1)。

表 8-1　2009 年福建省农村公路基本情况

类别	二级以上公路里程/km	等级公路里程/km	等外公路/km	有铺装路面的公路里程/km	总里程/km
县道	1 779	12 791	685	10 012	13 476
乡道	473	28 291	7 313	27 276	35 604
村道	133	16 344	13 659	15 786	30 003
合计	2 385	57 426	21 657	53 074	79 083

福建省农村公路特点如下。

(1) 发展速度较快。2004 年,福建省交通厅设立了旨在援助改善农村地区公路网(县道、乡道和村道,总里程 35 000 km)道路条件的"年万里农村路网工程",筹集约 80 亿元人民币的配套补助资金。截至 2009 年,"年万里农村路网工程"实施已逾三年,福建省农村公路迅速发展,2005—2009 年,福建省农村公路年均增加超过 7 500 km,年均里程增长率达到 10%。

(2) 项目规模较小。福建省 9 个地市的 2 704 个农村公路新建改建项目的统计结果如表 8-2 所示。从表 8-2 中可以看出,每个农村公路项目平均建设里程约为 5 km。在所有项目中,单项建设里程在 5 km 以下(包括 5 km)的有 5 184 个,占总量的 69%;单项建设里程在 10 km 以上的项目有 552 个,仅占总量的 7%。

表 8-2　福建省部分农村公路项目规模分布情况

项目情况	项目数量/个		项目里程/km		平均长度/(km·个$^{-1}$)
	数量	比例	数量	比例	
小于 5 km	5 184	70%	14 346	41%	2.77
其中小于 3 km	3 400	45%	6 778	19%	1.99
5～10 km	1 739	23%	12 485	36%	7.18
10～15 km	401	5%	5 020	14%	12.51
大于 15 km	151	2%	3 017	9%	19.98
合计	7 475	100%	34 868	100%	4.66

(3) 地区差异显著。根据福建省农村公路建设的补贴标准,可将福建省农村地区分为四类:国家级贫困县、国家财政转移支付县、经济水平一般的山区县以及经济发展较好的沿海县。2008 年,福建省沿海地区(不包括市辖区)的农村公路路面铺装情况与平均技术等级明显走在全省前列(表 8-3)。虽然山区县、财政转移支付县以及贫困县的农村公路技术状况逐年改善,但短期内仍难以追上沿海各县。造成上述状况的主要原因在于:一方面,沿海地区的地方财政实力要远强于其他类型地区,因此具有足够的建设资金用

以建设较高等级的农村公路;另一方面,与贫困县、山区县等相比,沿海地区具有更高的交通需求。

表8-3 福建省分类型区域农村公路规模情况(截至2008年底)

项目		年份			
		2005	2006	2007	2008
沿海县	有铺装路面率/%	65.3	69.2	77.5	81.1
	平均技术等级	3.60	3.98	3.93	3.92
山区县	有铺装路面率/%	42.1	50.4	55.9	59.3
	平均技术等级	4.21	4.48	4.45	4.46
国家财政转移支付县	有铺装路面率/%	30.3	34.9	48.4	61.8
	平均技术等级	4.09	4.28	4.20	4.16
国家级贫困县	有铺装路面率/%	38.5	37.5	59.0	63.9
	平均技术等级	4.14	4.34	4.19	4.17

注:(1)数据来源于《福建省公路统计年鉴(2005—2008)》。
(2)表中数据不包括设区市下辖的市区数据。
(3)表中国家级贫困县数量为19个、国家财政转移支付县数量为25个、经济水平一般的山区县数量为5个、经济发展较好的沿海县数量为9个。

8.2 福建省农村公路建设项目影响资料收集与监测

8.2.1 调查方案设计

1. 调查范围确定

福建省农村公路建设成效资料调查开展的地区分布于福建省除厦门、泉州、莆田外的其他6个设区市,即福州、漳州、龙岩、三明、南平、宁德的抽样县(市、区)和抽样村。

1)项目影响区确定

福建省利用世界银行贷款,开展农村公路新建或改建项目共993个,涉及建制村993个;每个项目所影响的村庄都是"受益村庄",它们构成了福建省"年万里农村路网工程"世界银行贷款项目的影响区集合,其受益对象是福建省农村公路建设成效评价的处理组。处理组分布在福建省除厦门、泉州和莆田外的6个设区市,即福州、漳州、龙岩、三明、南平和宁德。最终构成了本次福建省农村公路建设项目影响资料收集与监测的调查范围。

2)项目控制区确定

截至2009年,福建省内符合上述标准的尚未完成农村公路改建的建制村为951个,涉及农村公路951条;其中每个村庄都是"受控村庄",它们构成了福建省"年万里农村路网工程"的控制区集合,"年万里农村路网工程"的受益对象是福建省农村公路建设影响评价的对照组。由于当时福建省未完成通村公路的村庄基本分布在宁德市和南平市,因此控制区村庄的调查将集中选择在这两个设区市开展。

3) 时间范围的确定

福建省"年万里农村路网工程"世界银行贷款项目始于2003年,截至2007年底,绝大部分贷款道路已完成。因此,确定2003年为本次成效评价的数据收集的基准年,在农村公路建设成效资料收集的基准调查中收集基准年的成效指标及控制变量信息;确定2007年为本次成效评价的数据收集的评价年,并在农村公路建设成效资料收集的跟踪调查中收集评价年的成效指标及控制变量信息。综上,福建省农村公路建设成效资料收集和跟踪的调查时间范围为2003年至2007年。

2. 抽样策略

1) 样本总体与单元

(1) 农村公路项目。世界银行贷款福建省"年万里农村路网工程"项目共993个,构成了农村公路建设影响评价的农村公路处理组总体;截至调查开展时,福建全省尚有951个村没有通公路或无硬化路面公路连通,对应951条未改建农村公路,它们构成了福建省农村公路建设影响评价的农村公路对照组总体。农村公路总体中,每条单独的农村公路项目是抽样调查的调查单元。

(2) 建制村。上述993个项目所连通的993个建制村构成了农村公路建设影响评价的村庄处理组总体;951个尚未通公路或无硬化路面公路连通的建制村则构成了福建省农村公路建设影响评价的农村公路对照组总体。村庄总体中,每个建制村是抽样调查的调查单元。

(3) 农户。农户的界定以是否具有调查当地的户口为衡量标准。其中,处理组的农户总体来自993个影响区的建制村,共466 710个调查户;对照组的农户总体来自951个控制区的建制村,共437 460个调查户。农户总体中,每个农户是抽样调查的调查单元。

2) 构建抽样框

根据福建省行政区划资料,上述6个设区市共58个区县单位,将这些区县单位作为初级抽样单元,按处理组和对照组划分为两个抽样框。

(1) 处理组抽样框。具体包括6个设区市的所有区县,除去不含有农村公路的城市市区部分,共58个区县。

(2) 对照组抽样框。福建省没有通公路或无硬化路面公路连通的村庄主要分布在南平和宁德两个设区市,二者所辖的12个区县构成了本次调查的对照组区域,具体包括南平市的建瓯市、浦城县、政和县以及宁德市的蕉城区、福安市、福鼎市、霞浦县、古田县、屏南县、寿宁县、周宁县、柘荣县。

以上为福建省农村公路建设影响抽样调查处理组和对照组第一阶段抽样调查的抽样框,第二阶段的农村公路与建制村以及第三阶段的农户抽样框暂不予列出。按照本书第7章所述抽样方法,在上述两类地区采用大小相同的农村公路、建制村以及农户样本量,通过计算得出处理组和对照组均为农村公路与建制村样本量34个,农户样本量408户。样本在各抽样框中的具体分配数量如表8-4所示。

表 8-4 样本在各抽样框中的分配

抽样框	初级抽样单元数量 县(市、区)	二级抽样单元数量 农村公路/建制村	三级抽样单元数量 农户
处理组抽样框小计	14	34	408
福州	1	3	36
漳州	2	6	72
龙岩	2	6	72
三明	1	3	36
南平	1	2	24
宁德	7	14	168
对照组抽样框小计	10	34	408
南平	3	13	156
宁德	7	21	252
合计	24	68	816

3. 对象确定

处理组建制村的选择根据前文中的抽样调查策略进行,经抽样得到的处理组调查对象共 36 个建制村(详见附录 A)。

为了减小对照组与处理组在无项目时点上的差异,对对照组的抽样是在确定处理组的基础上进行的。首先,应对农村公路及建制村分类标准进行确定。根据福建省农村社会和农村公路发展特点以及相关规范标准,认为农村公路路况、村庄人口规模、农民人均年收入和地理特征 4 个指标(属性)基本上可以涵盖农村公路建设影响评价的道路与村庄选择要求,并确定福建省农村公路与村庄属性及标准,如表 8-5 所示。

表 8-5 福建省农村公路与村庄属性及标准分类表

属性	标准			
	1	2	3	4
农村公路路况	路况较差的全天候公路	只有在良好天气条件下才可通行的公路	需要重大改建,作为连接行政村且只需摊铺路面的公路	—
村庄人口规模/人	0~300	301~1 000	1 001~3 000	>3 000
农民人均年收入/元	0~2 000	2 001~3 000	>3 000	—
地理特征	山地	丘陵	海岛	—

由于在福建省农村公路建设成效的道路与村庄分类中,属性与标准均较少,因此可采用正交试验设计选择开展调查的道路与村庄,制定道路与村庄的组合调查方案。根据福建省道路与村庄属性及标准,本次福建省农村公路建设成效调查道路与村庄设计选择村庄人口规模、农村公路路况、农民人均年收入以及地理特征4个因子,各因子水平分类如表8-6所示。

表8-6 因子水平分类表

因子	水平			
	1	2	3	4
村庄人口规模/人	0~300	301~1 000	1 001~3 000	>3 000
农村公路路况	路况较差的全天候公路	只有在良好天气条件下才可通行的公路	需要重大改建,作为连接行政村且只需摊铺路面的公路	—
农民人均年收入/元	0~2 000	2 001~3 000	>3 000	—
地理特征	山地	丘陵	海岛	—

本次组合全面设计为 $4×3×3×2=72$ 次,且其中部分组合在现实中显然并不存在,不宜全部实施,并且亦无对口的正交表可供选用,应用改造正交表或调整因素及水平设计中的任何一种方法都不能满足本次组合设计的要求。为了尽量减少组合数量,又能保证较好地达到研究精度,选用拟因素法并在其基础上采用拟水平追加法,即对A因素采用追加一个水平的方法,选用 $L_9(3^4)+3$ 正交试验,如表8-7所示。该表中,将 A_4 作为A因素的追加水平,A_1 为代换水平,这样,无重复试验点数仅为12个。

表8-7 基于拟因素法的拟水平追加试验表

I	j			
	1 A	2 B	3 C	4 D
1	1(A_1)	1(B_1)	1(C_1)	1(D_1)
2	1	2(B_2)	2(C_2)	2(D_2)
3	1	3(B_3)	3(C_3)	3(D_3)
4	2(A_2)	1	2	3
5	2	2	3	1
6	2	3	1	2
7	3(A_3)	1	3	2
8	3	2	1	3
9	3	3	2	1
10	4(A_4)	1	1	1
11	4	2	2	2
12	4	3	3	3

根据本书选用的因子、水平,采用正交设计表,结合调查获得的影响区农村公路与建制村综合汇总出本次农村公路成效评价中所要调查的道路与村庄类型,如表 8-8 所示。根据组合设计结果,最终选择的对照组调查对象共 34 个建制村(详见附录 B)。

表 8-8 调查道路与村庄组合设计结果

情境设计	因子			
	人口规模/人	公路路况	人均年收入/元	地理特征
1	0~300	只有在良好天气条件下才可通行的公路	0~2 000	山地
2	301~1 000	只有在良好天气条件下才可通行的公路	2 001~3 000	山地
3	1 001~3 000	路况较差的全天候公路	2 001~3 000	丘陵
4	>3 000	路况较差的全天候公路	>3 000	丘陵
5	1 001~3 000	需要重大改建,作为连接行政村且只需摊铺路面的公路	>3 000	海岛

4. 调查地区分布

在满足调查样本量要求的前提下,结合当地的实际情况,最终确定的调查地区共包含 72 个建制村,其中影响区 38 个(含跟踪监测项目 17 个),控制区 34 个(含跟踪监测项目 3 个)。各调查建制村(调查点)在全省的地域分布情况如表 8-9 所示。

表 8-9 各调查建制村(调查点)在全省的地域分布

调查地区	调查大区	调查小区	调查点个数	小计
福建省	福州市	闽清县	4	4
	漳州市	平和县	3	7
		漳浦县	4	
	宁德市	蕉城区	9	35
		霞浦县	3	
		福鼎市	5	
		寿宁县	3	
		福安市	6	
		古田县	4	
		屏南县	5	

续表

调查地区	调查大区	调查小区	调查点个数	小计
福建省	南平市	延平区	2	15
		政和县	2	
		建瓯市	6	
		浦城县	5	
	龙岩市	新罗区	3	6
		连城县	3	
	三明市	尤溪县	5	5
合计	6	17	72	72

注:宁德市、漳州市的影响区和控制区共包含了 20 个跟踪监测项目。

5. 调查组织形式

抽样调查在建制村层面上开展,分为基准调查和跟踪调查,主要面向各村委以及村庄内的农户。首先,对抽样选中的建制村村委会领导进行问询调查,了解建制村基本的社会经济情况,以及农村公路改建项目给村民以及整个村庄的交通、经济、社会等方面带来的影响。其次,在所调查的建制村中进行农户抽样调查,每个建制村随机抽取 12 户农户,对所选农户的户主以访谈的方式进行调查。

对于农户的访谈调查,可以采取由村委领导陪同调查人员到各个农户家中访问的分散入户式调查;也可以采取召集所选农户到指定场所先集中座谈,再由调查人员对各个农户进行独立问询的集中座谈式调查。实际调查中采用的形式可根据各调查地区的民风民俗,以及调查小组的人员配备等情况适当选取。

8.2.2 普查和基准调查

基准调查工作是福建省农村公路建设成效资料收集与监测的第一阶段,本阶段需完成项目评估所需资料的基准数据的调查,并建立基准成效评价数据库。

1. 调查目的

从地方政府以及交通管理部门每年相应的统计数据中收集需通过普查方式获得的数据和资料。收集方式主要为资料汇总、填写上报。普查的时间范围为 2003—2007 年,其中,以 2003 年的数据作为普查指标的基准数据,以 2007 年的数据作为普查指标的跟踪数据。

基准调查收集交通量、村庄特征、农户特征以及各项成效考察指标在基准年份 2003 年的数据资料。除交通量数据外,基准调查主要面向各调查点的村委会和农户进行抽样问询。由于调查的是农村公路改建前的情况,因此数据和资料收集主要依靠"公众追忆",同时结合适当的"数据挖掘"获取。

2. 调查地点

根据前期研究成果,普查与基准调查在福建省 6 个设区市、17 个县(市、区)、51 个乡

(镇、街道)的 72 个建制村中开展,其中影响区建制村 38 个,控制区建制村 34 个。

3. 调查内容

普查内容共包括调查表格 7 份,其中普查表格 1—6 的调查针对县(市、区)级,由各地交通局派专人负责填写;普查表格 7 的调查面向乡镇,一般由各乡镇的统计站或相应部门负责人填写。值得注意的是,普查内容对于所有开展普查的县(市、区)也并非完全相同。其中,17 个既开展普查又开展建制村抽样调查的县(市、区),每个地区的普查内容为普查表格 1—7,即全部 7 份普查表格;而其余的县(市、区),每个地区则只需完成普查表格 1—5 共 5 份普查表格。

基准调查分别面向影响区和控制区建制村的村委会与农户开展。在每个建制村的调查中,对村委会主要领导进行问询调查,完成相应的村委会调查问卷 1 式 1 份;同时,随机在该村抽取 12 户农户,对其户主进行问询调查,完成相应的公众调查问卷 1 式 12 份(见附录 C)。

综上所述,普查与基准调查需完成的任务如下:

(1) 普查表格 1—5:各 58 份(所有县、市、区各 1 份)。
(2) 普查表格 6:17 份(每个县、市、区 1 份)。
(3) 普查表格 7:51 份(每个乡镇或街道 1 份)。
(4) 基准调查影响区公众调查问卷:456 份(每个影响区建制村 12 份)。
(5) 基准调查影响区村委会调查问卷:38 份(每个影响区建制村 1 份)。
(6) 基准调查控制区公众调查问卷:408 份(每个控制区建制村 12 份)。
(7) 基准调查控制区村委会调查问卷:34 份(每个控制区建制村 1 份)。
(8) 福建省 20 个农村公路项目成效指标跟踪监测数据表:1 份。

需要特别指出的是,由于基准年份的交通量数据无法采用追忆的方式进行收集,而且也难以从其他渠道获取,因此,在本阶段的调查中不包括交通量数据的调查。本书将以福建省交通厅世行办和规划办于 2006 年开展的前期调研工作中采集的 20 条农村公路(均包括在本次调查中)交通量数据为基础,在适当修正后作为基础年的交通量数据。

普查表格与基准调查问卷清单分别如表 8-10 与表 8-11 所示。

表 8-10 普查表格清单

	试调查表格与问卷		任务数	调查对象
普查表格	普查表格 1	县(市/区)公路网通达情况统计表	58 份	调查小区县(市、区)级交通运输部门
	普查表格 2	县(市/区)农村公路里程与建设情况统计表	58 份	
	普查表格 3	县(市/区)农村地区客运交通服务情况统计表	58 份	
	普查表格 4	县(市/区)农村地区客运班线日发班次统计表	58 份	
	普查表格 5	县(市/区)农村地区客运班线运营情况统计表	58 份	
	普查表格 6	县(市/区)农村公路改建项目路基土石方数量统计表	17 份	
	普查表格 7	福建省农村公路建设成效评价乡镇调查表格(影响区和控制区)	51 份	乡镇

表 8-11 基准调查问卷清单

	试调查表格与问卷		任务数	调查对象
基准调查问卷	调查问卷 A	福建省农村公路建设成效评价公众基准调查问卷(影响区)	456 份	影响区农户
	调查问卷 B	福建省农村公路建设成效评价公众基准调查问卷(控制区)	408 份	控制区农户
	调查问卷 C	福建省农村公路建设成效评价村委会基准调查问卷(影响区)	38 份	影响区村委会
	调查问卷 D	福建省农村公路建设成效评价村委会基准调查问卷(控制区)	34 份	控制区村委会
	跟踪监测表 1	福建省 20 个农村公路项目成效指标跟踪监测数据表	1 份	20 个指定项目

4. 调查组织

1) 人员培训

由于普查表格的填写主要依靠地方工作人员完成,且各小组基准调查的开展也要依赖于地方工作人员的积极配合与协助,为保证调查工作圆满完成,在普查与基准调查正式实施之前,有必要对参与调查的各地方工作人员进行适当培训。

培训工作由列为调查区的 6 个设区市交通局负责组织实施,研究团队成员负责培训,每个设区市的培训时间原则上为半天。2008 年 4 月 7 日与 8 日,研究团队抽出 6 名成员组成 3 个培训小组,完成了对 6 个设区市的培训工作。

培训的组织形式为各个设区市交通局召集其下属各调查县(市、区)交通局参与调查的工作人员(包括普查表格填报人员与协助基准调查人员)召开调查培训会议,接受统一培训。原则上,各调查县(市、区)安排的参与调查人员均应出席培训会议,有特殊情况的县(市、区)至少应派 2 名代表参加。

各设区市调查培训会议只召开一次,会议主要内容如下。

(1) 由各设区市交通局主要领导对会议进行简要说明,强调培训会议的重要性及后期调查工作的紧迫性。

(2) 由研究团队成员对福建省"农村公路改建项目"和研究课题进行简要介绍,说明培训工作与后续调查工作的目的、意义,以及所要完成的各项任务,向参与调查的地方工作人员说明其肩负的责任与重要性。

(3) 研究团队成员按照事先准备好的培训内容进行普查与基准调查的技术细节培训,对调查表格与问卷中的技术问题进行解释,向与会人员介绍调查方法、流程及注意事项,并回答与会人员提出的各种问题。

(4) 培训结束后,由各设区市交通局领导进行简要总结,并提出工作要求。

2) 准备工作

除人员培训外,在普查与基准调查正式开始前,研究团队还进行了如下准备工作。

（1）在培训工作进行的同时，研究团队通过电子邮件的方式将调整修改后的 7 份普查表格电子版先发送给各设区市交通局，并委托其进一步转发给下属各调查县（市、区）的交通局。各县（市、区）交通局相关负责人经过调查培训后即可着手进行数据资料的收集、汇总、填报，并在调查小组到达该地时统一上交。

对于不开展建制村抽样抽查的县（市、区），调查小组不到当地进行实地调查，其普查表格 1—5 填写完毕后，通过传真或电子邮件等方式交给研究团队，并由研究团队相关内业人员进行审核。

（2）福建省交通厅向各调查设区市、县（市、区）下达工作文件，向其传达协助调查的需求，告知调查开展的大致时间安排，令其提前进行必要的组织，做好准备工作及人员安排。

（3）研究团队召集全部 4 个调查小组的成员进行调查工作部署，使其明确各自承担的任务。部署工作会议上，福建省有关领导听取了研究团队对调查工作筹备情况的简要汇报，并提出了具体工作要求和注意事项。

（4）各外业调查小组进行出发前准备，包括调查表格的领取，必要工作设备的准备，差旅费、用车的申请，外业调查期间生活、安全等后勤事项的安排等。

3）行程安排

在为期 14 天的普查与基准调查中，各外业调查小组按事先分配好的调查地区分头开展调查。各小组行程安排如表 8-12 所示，基准调查工作照片如表 8-13 所示。

表 8-12　普查与基准调查行程安排

小组	调查时间	调查地区				工作事项
		设区市	县（市、区）	乡镇	建制村	
1	2008-4-14 — 2008-4-18	6/宁德市	61/蕉城	611/飞鸾	6111/梧埕	普查 基准调查
				612/赤溪	6121/岩坪	
					6122/院前	
				613/霍童	6131/枇杷洞	
				614/九都	6141/乌坑	
				615/洋中	6151/芹屿	
					6152/邑堡	
					6153/南坪	
				616/漳湾	6161/官井	
	2008-4-19 — 2008-4-20	—				小结、休整
	2008-4-21	5/南平市	51/延平	511/炉下	5111/官庄	普查 基准调查
				512/大横	5121/湖尾	

续表

小组	调查时间	调查地区				工作事项
		设区市	县(市、区)	乡镇	建制村	
1	2008-4-22 — 2008-4-24	5/南平市	53/建瓯	531/徐墩	5311/叶坊	普查 基准调查
				532/房道	5321/曹岩	
					5322/潘坑	
				533/吉阳	5331/巧溪	
					5332/张坑	
					5333/圭历	
	2008-4-25	4/三明市	41/尤溪	411/梅仙	4111/丈际	普查 基准调查
					4112/科第	
					4113/东头	
	2008-4-26 — 2008-4-27	—				小结、休整 返回福州
2	2008-4-14 — 2008-4-15	6/宁德市	62/霞浦	621/三沙	6211/青官兰	普查 基准调查
					6212/青官司	
				622/松港街道	6221/章家洞	
				623/盐田	6231/中贝	
					6232/南塘	
	2008-4-16 — 2008-4-18	6/宁德市	63/福鼎	631/管阳	6311/沿屿	普查 基准调查
				632/佳阳	6321/上庵	
				633/前岐	6331/薛家	
				634/沙埕	6341/敏灶	
					6342/川石	
	2008-4-19 — 2008-4-20					小结、休整
	2008-4-21	5/南平市	52/政和	521/星溪	5211/九蓬	普查 基准调查
				522/外屯	5221/黄坑	
	2008-4-22 — 2008-4-24	5/南平市	54/浦城	541/莲塘	5411/吴东	普查 基准调查
				542/官路	5421/高门	
					5422/花园	
				543/富岭	5431/小密	
				544/水北街	5441/茅洲	
	2008-4-25	4/三明市	41/尤溪	411/梅仙	4114/东坪	普查 基准调查
					4115/云林	
	2008-4-26 — 2008-4-27	—				小结、休整 返回福州

续表

小组	调查时间	调查地区				工作事项
		设区市	县(市、区)	乡镇	建制村	
3	2008-4-14 — 2008-4-15	6/宁德市	64/寿宁	641/大安	6411/菜坑	普查 基准调查
				642/清源	6421/余山岗	
				643/武曲	6431/桦垅	
	2008-4-16 — 2008-4-18	6/宁德市	65/福安	651/坂中	6511/仙源里	普查 基准调查
				652/城阳	6521/纸坪	
				653/范坑	6531/咸洋	
				654/溪柄	6541/横坑	
					6542/北山	
				655/下白石	6551/畲斗坑	
	2008-4-19 — 2008-4-20	—				小结、休整
	2008-4-21	3/龙岩市	31/新罗	311/江山	3111/下挖	普查 基准调查
					3112/背洋	
				312/雁石	3121/下营	
	2008-4-22 — 2008-4-23	3/龙岩市	32/连城	321/曲溪	3211/黄胜	普查 基准调查
				322/文亨	3221/蒋坊	
				323/林坊	3231/五寨	
	2008-4-24 — 2008-4-25	1/福州市	11/闽清	111/梅溪	1111/樟洋	普查 基准调查
				112/坂东	1121/秋峰	
					1122/仙下	
				113/省璜	1131/洋里	
	2008-4-26 — 2008-4-27	—				小结、休整 返回福州
4	2008-4-14 — 2008-4-15	6/宁德市	66/古田	661/大桥	6611/门里	普查 基准调查
				662/鹤塘	6621/前乾	
				663/吉巷	6631/薛后	
				664/平湖	6641/招坑	
	2008-4-16 — 2008-4-18	6/宁德市	67/屏南	671/长桥	6711/周佳山	普查 基准调查
					6712/前里坪	
				672/寿山	6721/亥由	
					6722/郑洋	
				673/棠口	6731/小章	

续表

小组	调查时间	调查地区				工作事项
		设区市	县(市、区)	乡镇	建制村	
4	2008-4-19—2008-4-20	—				小结、休整
	2008-4-21—2008-4-23	2/漳州市	21/平和	211/芦溪	2111/新村	普查基准调查
				212/山格	2121/隆庆	
				213/坂仔	2131/仁山—山边	
					2132/民主—仁山	
				214/大溪	2141/赤安	
	2008-4-24—2008-4-25	2/漳州市	22/漳浦	221/旧镇	2211/山兜	普查基准调查
					2212/霞屿	
					2213/狮头	
				222/赤湖	2221/南峰	
	2008-4-26—2008-4-27	—				小结、休整返回福州

表 8-13 基准调查工作照片

调查地区	道路情况	调查情况
福安市城阳乡纸坪村		
福鼎市管阳镇沿屿村		

续表

调查地区	道路情况	调查情况
浦城市官路镇高门村		
浦城市富岭乡小密村		

5. 调查成果

在为期14天的普查与基准调查工作中,调查组行程涵盖6个设区市、17个县(市、区),51个乡(镇、街道),72个建制村,取得了如下调查成果。

(1) 每个小组对各自调查的地区有了较为深入的了解,并与各地方工作人员建立了良好的工作关系,为后续跟踪调查的顺利开展打下了良好的基础。

(2) 对前期调研的20条农村公路项目进行了第一次跟踪监测,完成了相应的跟踪监测数据表。

(3) 回收各县(市、区)普查表格1—5各58份,回收17份普查表格6。

(4) 回收各乡(镇、街道)51份普查表格7。

(5) 完成项目影响区村委会基准调查问卷38份;完成控制区村委会基准调查问卷34份,全部为有效问卷。

(6) 各小组共完成项目影响区公众基准调查问卷456份,全部有效;完成控制区公众基准调查问卷408份,全部为有效问卷。

(7) 收集了大量各县(市、区)年鉴及图片资料。

6. 经验总结

试调查阶段的经验总结在对调查方案及调查问卷存在的问题进行改进与修正方面能

起到至关重要的作用。类似地,在基准调查与普查工作完成后,研究团队集中进行了调查心得与经验教训总结,并归纳成如下在调查中需要注意的事项,以期为接下来跟踪调查的顺利、高效开展提供借鉴。

(1) 注意审查回收的普查表格。由于调查时间短、行程紧凑,因此留给地方交通部门填写表格的时间非常有限;虽然有培训的保障,也不能确保每位填表人员都能完全理解填表要求。上述两个原因均可能造成普查表格存在填写错误的情况。这要求调查人员在表格回收后,要认真执行审查工作,将有误表格出现的可能性降至最低。

(2) 提前通知村委干部抽选调查农户。为了提高外业调查效率,在尽可能短的时间内完成调查任务,有必要请地方交通局协助调查人员与建制村所在乡镇负责人联系,传达调查需求,委托其与建制村村委干部提前抽选并召集 12 户抽样农户。

(3) 注意采集图片资料。图片资料可以生动直观地再现调查场景,并有可能记录一些意想不到的调查情况,收到出乎意料的效果。因此,应在往返建制村的途中以及调查的过程中,注意利用数码相机进行农村公路项目、调查工作情况、调查建制村状况的照片拍摄,采集图片资料。

8.2.3 跟踪调查

跟踪调查是基准调查的延续。与基准调查基本一致,跟踪调查采用的也是抽样调查的方式,调查的内容同样覆盖交通流量及一系列农户与村庄层次的社会经济评价指标,其数据资料的获得大多通过现状调查或对受访者现状的问询;不同之处在于,跟踪调查旨在收集相关评价指标在农村公路改建项目后的各项数据资料,而基准调查收集的是农村公路改建项目开展前的信息。为了与基准调查保持一致性及继承性,便于收集数据的比较,跟踪调查的内容同样体现为 1 份交通流量调查表及 4 份社会经济调查问卷。

1. 调查目的

跟踪调查的目标是采集各单项指标现状(或 2007 年)的数据资料,通过现状数据与基准数据的对比,定量分析项目影响区与控制区 5 年期间(2003—2007 年)在交通、农业、社会、经济等方面的发展变化情况,从而对有无农村公路改建项目的成效差别进行科学、合理评价。

2. 调查内容

跟踪调查的内容与基准调查大致相同,也包括交通量调查以及社会、经济问卷抽样调查。其中,问卷抽样调查与基准调查时相同,也是每个建制村完成各自的村委会调查问卷 1 式 1 份,公众调查问卷 1 式 12 份。

交通量的调查针对每个抽样项目展开。由于项目与建制村之间通常具有一一对应的关系,因此在跟踪调查中对每个建制村展开问卷调查的同时,调查小组安排专人对连通该村的农村公路进行分车种交通量观测。鉴于调查时间的限制,每条农村公路的观测时间为 1 h,再经过相应的内业处理换算为全天交通量。

另外,在本阶段调查中,还需完成对前期调研的 20 条农村公路的跟踪监测工作,重点监测其交通量、平均出行时间和客运服务三个指标。这 20 条农村公路所在的建制村分别位于宁德市和漳州市,具体跟踪监测工作也由负责相应调查区域的调查小组完成。

跟踪调查的表格与问卷清单,以及各自需完成的任务数如表 8-14 所示:

表 8-14 跟踪调查表格及问卷清单

试调查表格与问卷		任务数	调查对象
交通量调查表	福建省农村公路交通流量观测表	72 份	全部项目
跟踪监测表	福建省 20 个农村公路项目成效指标跟踪监测数据表	—	20 个指定项目
跟踪调查问卷	调查问卷 A	福建省农村公路建设成效评价公众跟踪调查问卷(影响区)	456 份	影响区农户
	调查问卷 B	福建省农村公路建设成效评价公众跟踪调查问卷(控制区)	408 份	控制区农户
	调查问卷 C	福建省农村公路建设成效评价村委会跟踪调查问卷(影响区)	38 份	影响区村委会
	调查问卷 D	福建省农村公路建设成效评价村委会跟踪调查问卷(控制区)	34 份	控制区村委会

3. 调查地点

跟踪调查的地点与基准调查一致,所有开展基准调查的地区均相应开展跟踪调查。因此,跟踪调查也在福建省 6 个设区市、17 个县(市、区)、51 个乡(镇、街道)的 72 个建制村中开展,其中影响区建制村 38 个,控制区建制村 34 个。

4. 调查过程

由于基准调查实施方案取得了令人满意的调查效果,较好地达成了调查目标,因此,跟踪调查也延续基准调查的调查过程。在进行必要的准备工作后,各外业小组即分头前往各自负责的区域,以县(市、区)为基本调查单元开展跟踪调查。

1) 实施流程

跟踪调查的实施流程基本延续普查与基准调查的流程,但由于调查内容有所不同,增加了交通量调查,同时不再进行普查,因此,实施流程也相应增加交通量调查的环节,同时删除普查的环节。具体实施流程如下。

(1) 与地方协助人员组成新的调查小组。

(2) 新的调查小组协商工作日程安排。

(3) 建制村调查准备。

(4) 进行建制村抽样调查。

(5) 交通量数据监测。在进行建制村农户与村委会抽样问卷调查的同时,调查小组安排 1 名成员对连通该建制村的农村公路(即抽样的农村公路项目)进行交通量监测,监测时间为连续的 1 h。

(6) 完成针对 20 个前期调研项目的跟踪监测。此环节的工作针对前期调研的 20 条农村公路所在的建制村开展。调查小组在进行这 20 个建制村的跟踪调查时，安排专人完成每个村的跟踪监测数据表。

(7) 采集图片资料。

(8) 完成建制村调查。

除第(5)和第(6)两个环节外，其他各环节的工作内容与基准调查时一致，只是相应的调查问卷换为跟踪调查问卷，详细内容可参考基准调查实施流程。

2) 行程安排

各外业小组的跟踪调查延续普查与基准调查时的行程，具体如表 8-15 所示。跟踪调查工作照片如表 8-16 所示。

表 8-15 跟踪调查行程安排

小组	调查时间	调查地区				工作事项
		设区市	县(市、区)	乡镇	建制村	
1	2008-9-1 — 2008-9-5	6/宁德市	61/蕉城	611/飞鸾	6111/梧埕	跟踪调查
				612/赤溪	6121/岩坪	
					6122/院前	
				613/霍童	6131/枇杷洞	
				614/九都	6141/乌坑	
				615/洋中	6151/芹屿	
					6152/邑堡	
					6153/南坪	
				616/漳湾	6161/官井	
	2008-9-6 — 2008-9-7	—				小结、休整
	2008-9-8	5/南平市	51/延平	511/炉下	5111/官庄	跟踪调查
				512/大横	5121/湖尾	
	2008-9-9 — 2008-9-11	5/南平市	53/建瓯	531/徐墩	5311/叶坊	跟踪调查
				532/房道	5321/曹岩	
					5322/潘坑	
				533/吉阳	5331/巧溪	
					5332/张坑	
					5333/圭历	
	2008-9-12	4/三明市	41/尤溪	411/梅仙	4111/丈际	跟踪调查
					4112/科第	
					4113/东头	

续表

小组	调查时间	调查地区				工作事项
		设区市	县(市、区)	乡镇	建制村	
1	2008-9-13 — 2008-9-14	—				小结、休整 返回福州
2	2008-9-1 — 2008-9-2	6/宁德市	62/霞浦	621/三沙	6211/青官兰	跟踪调查
					6212/青官司	
				622/松港街道	6221/章家洞	
				623/盐田	6231/中贝	
					6232/南塘	
2	2008-9-3 — 2008-9-5	6/宁德市	63/福鼎	631/管阳	6311/沿屿	跟踪调查
				632/佳阳	6321/上庵	
				633/前岐	6331/薛家	
				634/沙埕	6341/敏灶	
					6342/川石	
2	2008-9-6 — 2008-9-7	—				小结、休整
2	2008-9-8	5/南平市	52/政和	521/星溪	5211/九蓬	跟踪调查
				522/外屯	5221/黄坑	
2	2008-9-9 — 2008-9-11	5/南平市	54/浦城	541/莲塘	5411/吴东	跟踪调查
				542/官路	5421/高门	
					5422/花园	
				543/富岭	5431/小密	
				544/水北街	5441/茅洲	
2	2008-9-12	4/三明市	41/尤溪	411/梅仙	4114/东坪	跟踪调查
					4115/云林	
2	2008-9-13 — 2008-9-14	—				小结、休整 返回福州
3	2008-9-1 — 2008-9-2	6/宁德市	64/寿宁	641/大安	6411/菜坑	跟踪调查
				642/清源	6421/余山岗	
				643/武曲	6431/桦垅	

续表

小组	调查时间	调查地区				工作事项
		设区市	县(市、区)	乡镇	建制村	
3	2008-9-3 — 2008-9-5	6/宁德市	65/福安	651/坂中	6511/仙源里	跟踪调查
				652/城阳	6521/纸坪	
				653/范坑	6531/咸洋	
				654/溪柄	6541/横坑	
					6542/北山	
				655/下白石	6551/畲斗坑	
	2008-9-6 — 2008-9-7	—				小结、休整
	2008-9-8	3/龙岩市	31/新罗	311/江山	3111/下挖	跟踪调查
					3112/背洋	
				312/雁石	3121/下营	
	2008-9-9 — 2008-9-10	3/龙岩市	32/连城	321/曲溪	3211/黄胜	跟踪调查
				322/文亨	3221/蒋坊	
				323/林坊	3231/五寨	
	2008-9-11 — 2008-9-12	1/福州市	11/闽清	111/梅溪	1111/樟洋	跟踪调查
				112/坂东	1121/秋峰	
					1122/仙下	
				113/省璜	1131/洋里	
	2008-9-13 — 2008-9-14	—				小结、休整 返回福州
4	2008-9-1 — 2008-9-2	6/宁德市	66/古田	661/大桥	6611/门里	跟踪调查
				662/鹤塘	6621/前乾	
				663/吉巷	6631/薛后	
				664/平湖	6641/招坑	
	2008-9-3 — 2008-9-5	6/宁德市	67/屏南	671/长桥	6711/周佳山	跟踪调查
					6712/前里坪	
				672/寿山	6721/亥由	
					6722/郑洋	
				673/棠口	6731/小章	
	2008-9-6 — 2008-9-7	—				小结、休整

续表

小组	调查时间	调查地区				工作事项
		设区市	县(市、区)	乡镇	建制村	
4	2008-9-8 — 2008-9-10	2/漳州市	21/平和	211/芦溪	2111/新村	跟踪调查
				212/山格	2121/隆庆	
				213/坂仔	2131/仁山—山边	
					2132/民主—仁山	
				214/大溪	2141/赤安	
	2008-9-11 — 2008-9-12	2/漳州市	22/漳浦	221/旧镇	2211/山兜	跟踪调查
					2212/霞屿	
					2213/狮头	
				222/赤湖	2221/南峰	
	2008-9-13 — 2008-9-14	—				小结、休整 返回福州

表 8-16 跟踪调查工作照片

调查地区	道路情况	调查情况
福安市范坑乡咸洋村		
福鼎市佳阳乡上庵村		

续表

调查地区	道路情况	调查情况
福鼎市管阳镇沿屿村		
尤溪县梅仙镇东坪村		

5. 调查成果

在跟踪调查阶段,研究团队共收集各类调查问卷 974 份,完成了福建省农村公路建设成效评估项目资料与数据的调查和监测任务,并收集了大量的地方统计年鉴资料。同时,完成了对前期调研的 20 个农村公路项目的跟踪监测,具体成果如下。

（1）收集了 6 个调查设区市,17 个县(市、区)5 年(2003—2007 年)的统计年鉴资料。
（2）对前期调研的 20 条农村公路项目进行跟踪监测,完成了相应的跟踪监测数据表。
（3）完成对 72 个调查项目的农村公路交通量监测工作,回收交通量观测表格 72 份。
（4）完成项目影响区村委会跟踪调查问卷 38 份;完成控制区村委会跟踪调查问卷 34 份,全部为有效问卷。
（5）完成项目影响区公众跟踪调查问卷 456 份,全部有效;完成控制区公众跟踪调查问卷 408 份,全部有效。
（6）收集了大量照片等图片资料。

8.2.4 数据录入及资料整理

调查结束后,应尽快地进行数据资料归类整理、数据录入、数据分析等后续工作,具体任务如下。

（1）资料汇总分类处理。成立内业工作小组,将普查表格、抽样调查问卷进行编号。结合指标体系,对地方统计年鉴进行摘录和有效信息提炼,为指标评价服务。把图片资料归档,辅以文字说明,配合文本数据使用。

（2）计算机编码。对普查表格、抽样调查问卷中的各项内容进行编码。

（3）数据录入。制定数据录入模板,为了保障数据录入的准确性和有效性,编写数据查错程序和后期数据处理程序。对相关录入人员进行培训,详细讲解数据录入方法与过程、数据计算机自检方法,完成数据录入工作。农户调查问卷、村委调查问卷、乡镇调查问卷、普查表格数据录入模板分别如图 8-1—图 8-4 所示。

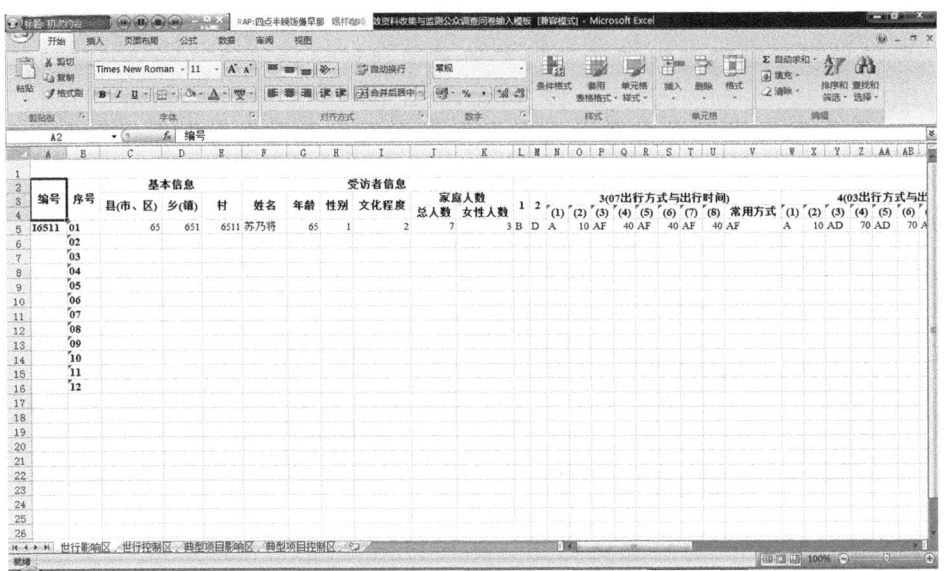

图 8-1　农户调查问卷录入模板

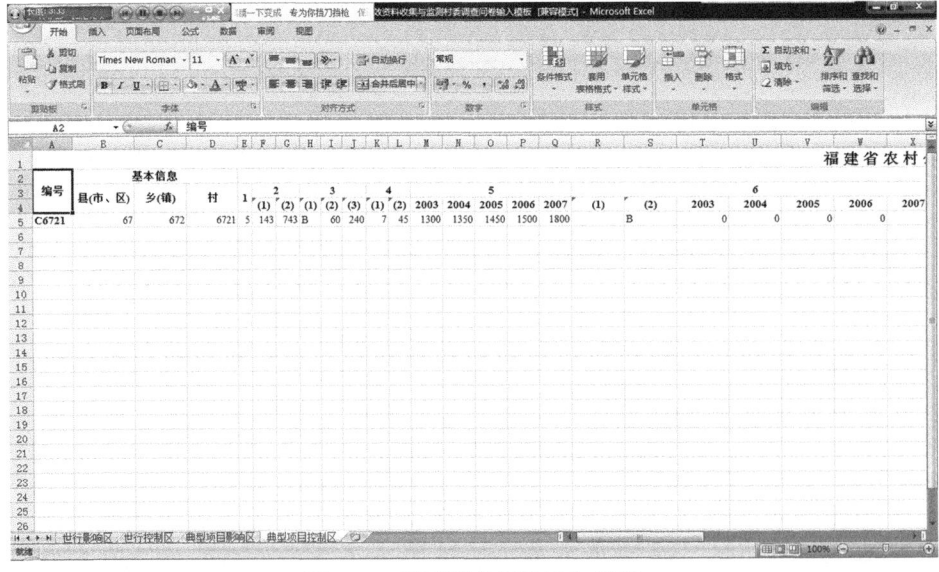

图 8-2　村委调查问卷录入模板

第 8 章 实例研究:福建省农村公路建设项目影响评价

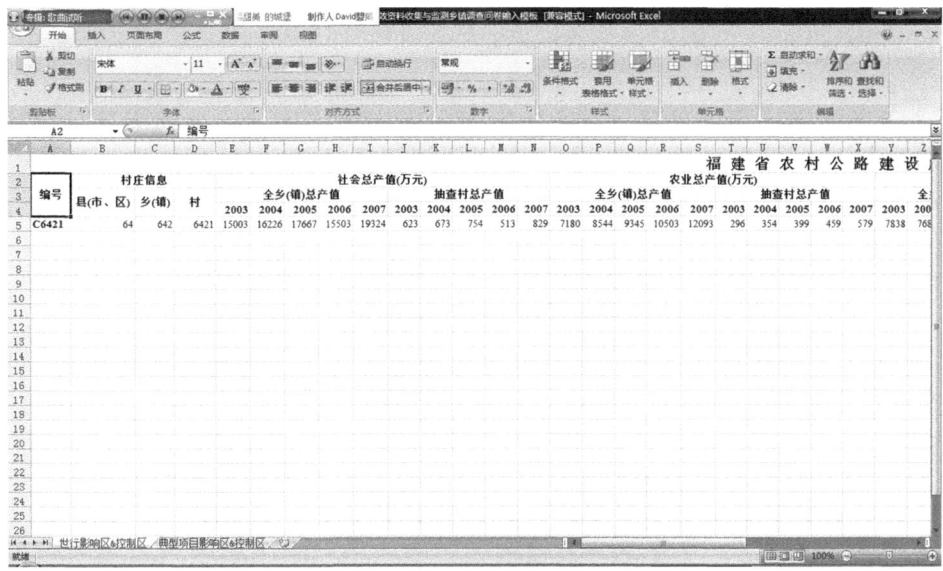

图 8-3 乡镇调查问卷录入模板

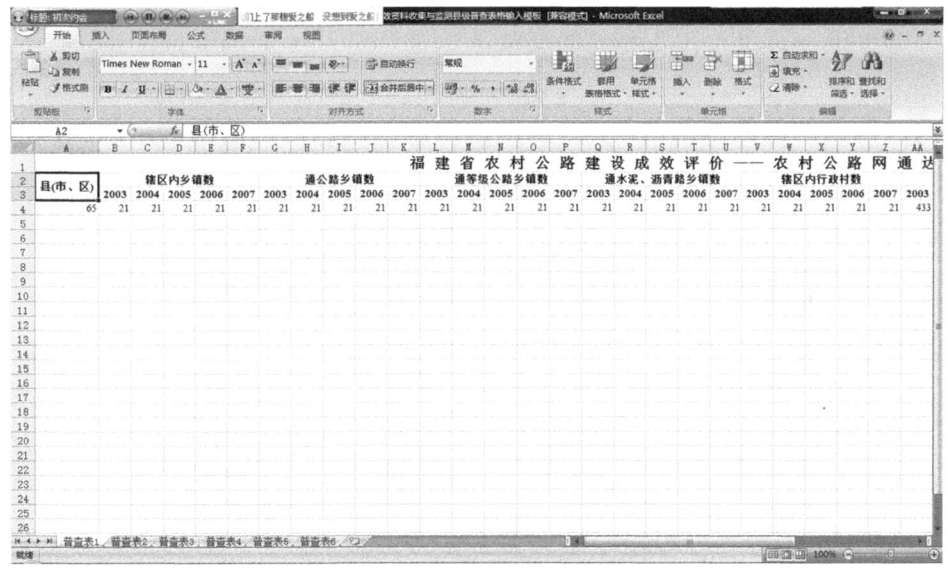

图 8-4 普查表格数据录入模板

8.3 福建省农村公路建设项目影响调研资料分析

8.3.1 资料统计

对福建省农村公路建设项目影响数据的统计整理,是以前文所构建的影响评价指标体系为基础,以总量指标、相对指标、平均指标等统计指标形式为依托,选取均值、标准差、观测次数作为估计量,得到的统计整理成果——福建省农村公路建设影响评价指标体系统计量摘要表如表 8-17 和表 8-18 所示。

表 8-17 福建省农村公路建设影响评价调查资料的概要统计表 1

指标观测点		单位	项目前:基准调查						项目后:跟踪调查					
			处理组			对照组			处理组			对照组		
			观测量	均值	标准差	观测量	均值	标准差	观测量	均值	标准差	观测量	均值	标准差
客运班线日均服务班次		班次/d	37	4 ****	2.7	33	1.5	0.2	37	6 ***	3.3	33	3 *	0.8
旅客出行时间	生产劳动	min	407	29 **	1.1	394	53 ***	2.6	403	21	0.8	394	42 ***	1.8
	乡镇	min	413	62 ***	2.4	394	100 ***	3.1	414	36 ***	1.4	394	82 ***	2.6
	集市	min	412	62 ***	2.5	394	100 ***	3.1	414	36 ***	1.4	394	82 ***	2.6
	医院	min	412	64 ***	2.6	394	101 ***	3.0	414	37 ***	1.5	394	85 ***	2.7
	小学	min	205	38 ***	3.0	182	58 ***	4.1	158	30 ***	2.7	152	60 ***	5.5
	中学	min	153	63 ***	4.7	150	94 ***	4.6	152	38 ***	2.8	113	77 ***	4.6
货物运输时间		min	386	67 ***	2.8	394	88 ***	2.8	410	42 ***	2.8	394	70 ***	2.1
机动车运输成本	小客车	元/车·km	37	1.3	0.35	18	0.9	0.18	40	0.6	0.07	18	0.9	0.18
	农用车	元/车·km	38	1.7	0.37	30	0.9	0.19	42	0.9	0.10	30	0.9	0.19
	摩托车	元/车·km	90	0.6	0.13	75	0.4	0.05	103	0.3	0.05	75	0.4	0.05
单位农业用地收益		元/亩	382	1 147 ***	73	357	683 ***	34	385	1 678 ***	119	357	889 ***	39
非农产业产值比重		%	37	72	8.3	33	23	3.8	37	58	6.5	33	26	3.3
民营企业数量		个/村	35	10 ***	1.9	33	6 **	1.2	36	20 ***	3.5	33	12 ***	2.9
农民人均纯收入	总收入	元/户	414	11 673 ***	557	394	8 821 ***	543	414	21 176 ***	1 085	394	15 430 ***	1 037
	农业	元/户	414	6 319 ***	344	394	4 646 ***	228	414	9 734 ***	588	394	7 353 ***	337
	非农业	元/户	414	5 367 ***	430	394	4 183 ***	886	414	11 775 ***	989	394	7 351 ***	691
应急与救援服务时间	110	min	37	57 ***	8.1	33	69 ***	8.0	37	28 ***	3.6	33	58 ***	7.0
	120	min	37	79 ***	8.2	33	102 ***	11.3	37	46 ***	5.3	33	92 ***	11.2
	119	min	37	79 ***	8.2	33	104 ***	11.4	37	47 ***	5.2	33	94 ***	11.3
公众空气质量满意度		%	414	82	—	394	91	—	414	95	—	394	92	—

注:**** 表示在 1% 的置信水平上显著;*** 表示在 5% 的置信水平上显著;** 表示在 10% 的置信水平上显著。

表 8-18 福建省农村公路建设影响评价调查资料的概要统计表 2

指标观测点		单位	处理组		对照组	
			观测量	观测值	观测量	观测值
农村社会总产值增长率		%	37	64	33	42
贫困率		%	37	8	33	16
每户外出就业人口比重		%	414	37.3	394	34.3
每户本地非农就业人口比重		%	414	23.5	394	16.6
学龄儿童入学率	小学	%	168	95.8	169	95.9
	中学	%	133	98.8	117	93.5
	女童小学	%	82	99.2	93	87.2
	女童中学	%	66	100.0	50	92.0
每户女性	非农就业	%	414	42.1	414	48.5
	其中:外出就业	%		40.7		36.5
就医习惯变化情况		%	414	91	394	48

从评价指标体系指标的统计结果上看,项目建设完成投入运营后的各项指标值均好于项目建设前的各项指标;处理组各项指标的效果要明显优于对照组中的指标,且有很高的置信度。依据上述统计资料采用组合法对调研资料进行统计分析和评估。

8.3.2 评估结果

整理组合法评估测算结果,按照所构建的农村公路建设影响评价指标体系的构架,福建省"年万里农村路网工程"建设项目影响统计分析与评估结果如表 8-19 所示。

表 8-19 基于评价指标体系的福建省农村公路建设项目影响评估结果

一级指标	二级指标	三级指标（指标观测点）		单位	"年万里农村路网工程"影响观测值				项目成效
					项目前		项目后		
					处理组	对照组	处理组	对照组	
交通影响	交通经济情况	货物运输时间		min	67	88	42	70	7
		机动车运输成本	小客车	元/车·km	1.3	0.9	0.6	0.9	0.7
			农用车	元/车·km	1.7	0.9	0.9	0.9	0.8
			摩托车	元/车·km	0.6	0.4	0.3	0.4	0.3
	交通服务水平	旅客单次出行时间	生产劳动	min	29	53	21	42	3
			乡镇/集市/医院	min	62	100	36	82	8
			小学	min	38	58	30	60	10
			中学	min	63	94	38	77	8
		客运班线日均服务班次		班/d	4	1.5	6	3	0.5

续表

一级指标	二级指标	三级指标（指标观测点）		单位	"年万里农村路网工程"影响观测值				项目成效
					项目前		项目后		
					处理组	对照组	处理组	对照组	
经济影响	农村经济整体情况	农村社会总产值增长率		%	64（处理组）		42（对照组）		22
	农业发展情况	单位农田收益		元/亩	1 147	683	1 678	889	325
	非产业发展情况	非农产业产值比重		%	34	29	41	32	4
		注册民营企业数量		个/村	10	6	20	12	4
社会影响	农民生活水平	农民人均纯收入	总收入	元/户	11 686	8 829	21 509	14 704	3 948
			农业	元/户	6 319	4 646	9 734	7 353	708
			非农业	元/户	5 367	4 183	11 775	7 351	3 240
		人均生活消费支出	总消费	元/户	5 167	2 605	7 433	4 425	446
			食品消费	元/户	3 975	1 559	5 825	2 700	709
	农村贫困情况	贫困率		%	37	8	33	16	12
	农民就业情况	每户外出就业人口比重		%	37.3（处理组）		34.3（对照组）		3
		本地非农就业人口比重		%	23.5（处理组）		16.6（对照组）		6.9
	农村公共服务情况	学龄儿童入学率	小学	%	95.9（处理组）		95.8（对照组）		0.1
			中学	%	98.8（处理组）		93.5（对照组）		5.3
		就医习惯变化情况		%	91（处理组）		48（对照组）		43
		应急与救援服务时间	110	min	57	69	28	58	18
			120	min	79	102	46	92	23
			119	min	79	104	47	94	22
	农村妇女情况	每户女性非农就业比重		%	48.5（处理组）		42.1（对照组）		6.4
环境影响	生活环境影响	街道整洁情况		%	33	30	100	30	67
	生态环境影响	公众空气质量满意度		%	82	91	95	92	12
政治影响	基层组织改善评价	基层执政能力变化情况		%	100（处理组）		5（对照组）		95
	农民参与政治活动	公众项目参与度		%	—	—	71	—	71

8.4 福建省农村公路建设项目影响评价

8.4.1 交通影响评价

1. 交通经济情况

（1）农村公路路面水平显著改善，货物在途时间显著缩短。

"年万里农村路网工程"项目实施后，由项目因素造成的货物运输时间缩短达 7 min，农民的货物运输时间缩短明显,进而使得农民可以选择种植难以保鲜但利润率更高的生鲜产品,减少了道路颠簸带来的货物损失,提高了种植经济效益,减少了作物收获季节无法及时运出而造成的货物囤积。

如图 8-5 和图 8-6 所示,处理组中货物运输时间超过 30 min 的农民比例,由项目前的 80% 下降到项目后的 54%,超过 90 min 的农民比例,由项目前的 21%,降低到项目后的仅 8%。很多农民反映:农村公路建设前,草莓、西红柿这类易腐烂、不耐颠簸的农产品,虽然能卖上好价钱,但是由于恶劣的道路状况,农民们普遍不敢种植。建设了农村公路后,农产品不但运输时间大大缩短,而且平整的水泥路面也保证了农产品不会损失在路上,农民的农业种植收入和农业积极性得到了很大程度的提升。

在对照组中,货物运输时间超过 30 min 的农民比例,仅下降了 6%,截至 2007 年底,仍有超过 90% 的农民货物运输时间在 30 min 以上,超过 20% 的农民货物运输时间在 90 min 以上。

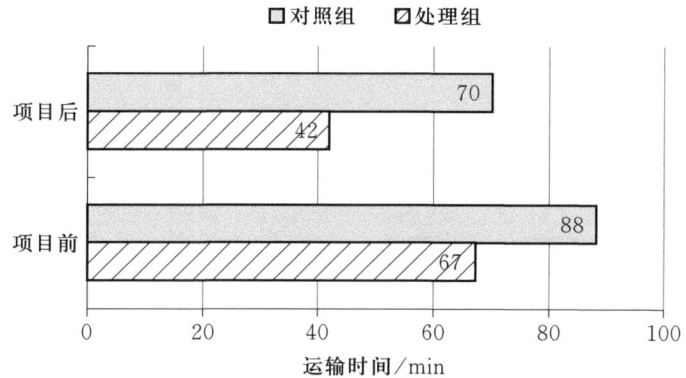

图 8-5 "年万里农村路网工程"项目实施前后货物运输时间变化

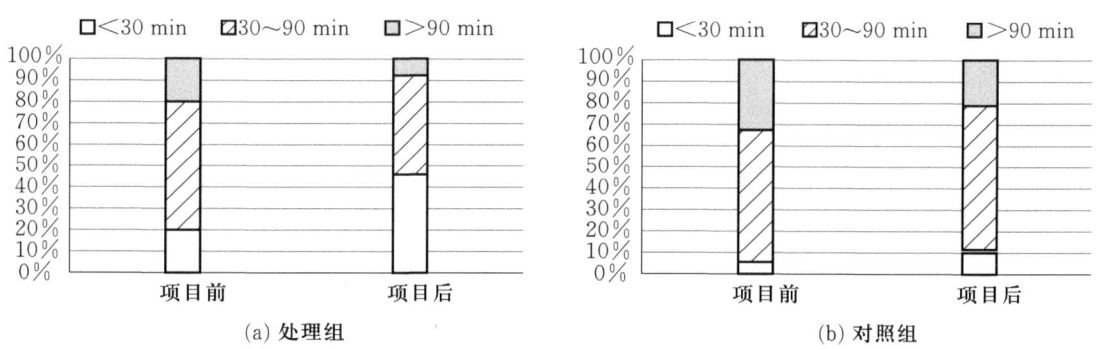

图 8-6 "年万里农村路网工程"项目对货物出行时间影响

(2) 机动车运输成本有所降低,产生了大量的运输费用节约效益。

所谓运输成本降低效益是指由于项目的修建,路面等级、设计车速提高,车辆可以连续、畅通地在经济车速下行驶,减少了停车、起步、换挡以及颠簸所带来的燃油的消耗和轮胎的磨损等。"年万里农村路网工程"项目的实施使得农村道路交通条件有所改善,从而产生了规模可观的运输成本降低效益。

"年万里农村路网工程"项目实施前后机动车运输成本变化如图8-7所示。处理组中项目实施后,农村道路的等级得到了提高,改善了农村交通的条件,以前颠簸的土路、砂石路现在都变成了平坦的水泥沥青路,由此改善了行车条件。摩托车、农用车、小客车等交通工具的运输成本降低幅度约为50%,产生了运输费用节约的效益。对照组中2003年至2007年间机动车运输成本没有发生任何变化,且摩托车和小客车单位里程的运输成本较处理组同类车辆高出30%。

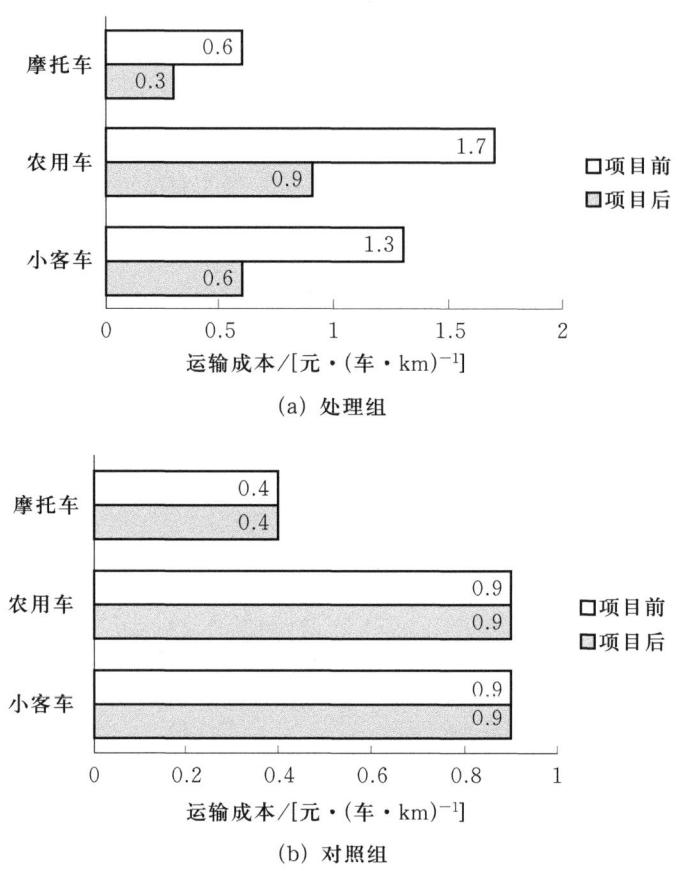

图8-7 "年万里农村路网工程"项目实施前后机动车运输成本变化

【调研案例】龙岩市新罗区江山镇31个村都通了农村公路,农民的交通运输成本大大降低。以背洋村为例,每辆农用车的运输成本在由浇筑水泥路前的每千米耗油3 L,降到水泥浇筑后的每千米耗油2 L。全乡共有大小运输车65辆,按每月20个工作日,每天20 km计算,每年节油312 000 L,一年可以节约运输成本约130万元。

2. 交通服务水平

(1) 农村居民出行时间显著缩短,交通服务水平提高明显。

"年万里农村路网工程"项目实施后,农民各类目的的出行时间显著缩短。其中,至生产劳动地点的时间平均节省了3 min;至集贸市场、医院、乡镇的时间平均缩短了8 min;中小学生至小学、中学的就学交通时间分别缩短了10 min和8 min。"年万里农村路网工程"

项目实施前后旅客出行时间变化如图 8-8 所示。从图中可以看出,同期对照组中各类出行时间节省普遍不超过 15 min,且对照组居民出行所需时间远高于处理组居民。

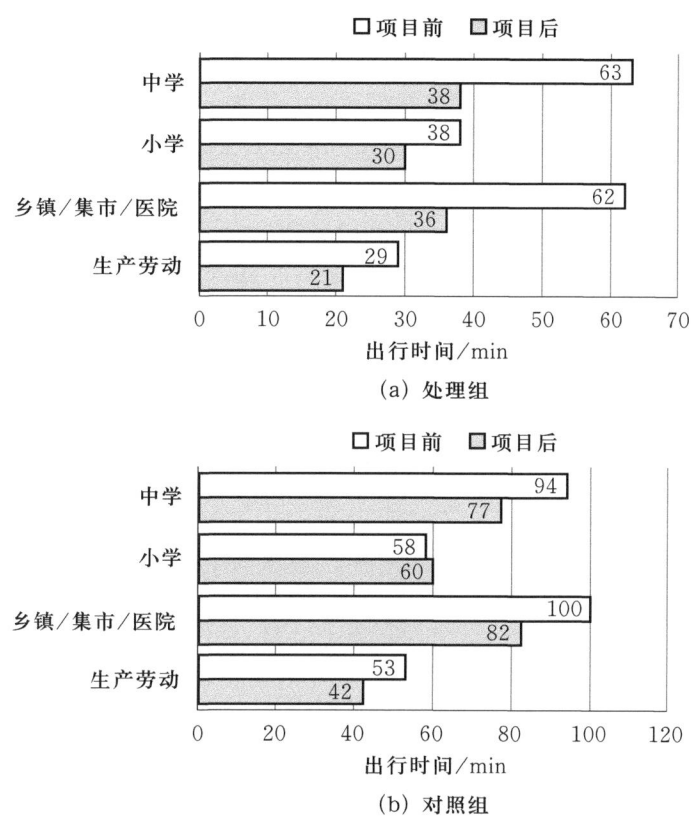

图 8-8 "年万里农村路网工程"项目实施前后旅客出行时间变化

"年万里农村路网工程"项目在降低居民平均出行时间的同时,还大大降低了处理组中长耗时出行居民的比例,相比较而言,对照组中居民出行耗时普遍较长,且多年来下降幅度很小,30%以上的农民上述出行所需时间超过 90 min,农民的生产生活极为不便。出行时间超过 30 min 的农村居民比例下降情况对比如表 8-20 所示。可见农村公路带来的出行条件改善使得农民可以将节省的时间用于其他生产或生活相关活动,从而创造出更多的效益。

表 8-20 出行时间超过 30 min 的农村居民比例下降情况对比

出行目的	处理组			对照组
	项目前	项目后	下降值	下降值
生产劳动	46%	30%	16%	8%
小学	44%	39%	5%	1%
中学	71%	59%	12%	3%
集市	70%	50%	20%	4%
医院	70%	49%	21%	4%

【调研案例】①寿宁县清源乡余山岗村是宁德市海拔最高的建制村之一,在没有修路之前,村民出村只能靠两条腿,走到乡镇要花 3 h,到县城更是长达 8 h,山货全由村民翻山越岭挑出山。农村公路完成后,从村里到县城坐车只需 1 h。

②屏南县棠口乡在农村公路项目实施以前,道路条件很差,中小学生上学往往要走半天;农村公路建设完成后,学生骑自行车到校大都只需十几分钟,最多也在半小时以内。

(2)客运班线日均服务班次稳步提升,农村客运质量逐步提升。

"年万里农村路网工程"项目建设前后,处理组与对照组建制村客运班线日均服务班次如图 8-9 所示。处理组建制村客运班线日均服务班次每天平均增加了 2 班,同期对照组建制村每天平均增加了 1.5 班。主要原因在于:采用世界银行贷款的农村地区绝大多数是经济水平落后、人口较少的山区建制村。这类建制村的客运量较小,且呈现明显的季节性与周期性特点,因此客运班线的发车频率普遍提高程度不明显。上述情况也从另一个方面说明:随着建制村"通达通畅"公路建设的深入广泛开展,农村地区的交通基础设施日趋完善。因此,下一阶段农村交通发展的重点要逐渐转移到提升农村公共客运的服务质量与服务水平上来。需要结合农民的出行特征,优化客运线路、配置客运运力,以满足广大农民的客运出行需求。

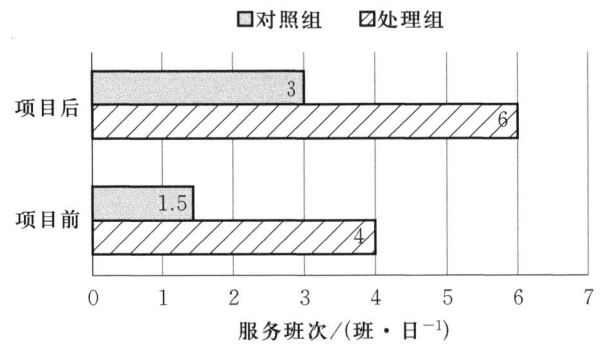

图 8-9 "年万里农村路网工程"项目实施前后建制村客运班线日均服务班次

8.4.2 经济影响评价

1. 农村经济整体情况

"年万里农村路网工程"项目通过加大对交通基础设施资源的投入,提高了农村地区的生产力水平,为农村地区经济的发展创造了良好的经济环境,农村的经济社会活动规模也因此变大。"年万里农村路网工程"项目实施前后建制村社会总产值变化情况如图 8-10 所示,从图中可以看出,2003 年至 2004 年,对照组的建制村与处理组的建制村在社会总产值规模上虽然有一定差距,但二者的增长速率几乎是相同的。2004 年后,随着"年万里农村路网工程"项目的广泛开展,处理组的社会总产值逐渐拉开了与对照组的差距,表现其社会总产值曲线的斜率比处理组大。从定量分析的角度,2003 年至 2007 年,处理组的建制村社会总产值增长率为 64%,而同期对照组的社会总产值增长率为 42%,与处理组相比低 22%。在此过程中,"年万里农村路网工程"项目起着重要的作用,是拉大两类建制村社会总产值增长率差距的主要因素。

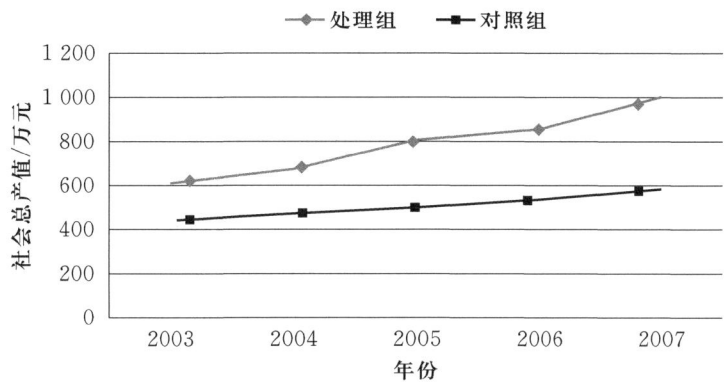

图 8-10 "年万里农村路网工程"项目实施前后建制村社会总产值变化情况

2. 农业发展

农村公路建设革新了农业种植技术,单位农业用地收益迅速增加。农业发展是关乎国计民生的大事,研究开展时我国农业在发展过程中普遍面临着生产效率低,农产品价格低,农民种植积极性差等问题。这些问题的产生部分与交通发展落后对农业发展的制约有关。"年万里农村路网工程"项目改善了福建省农村地区的交通条件,为农产品的销售创造了条件,为农民从传统农业向以市场为导向的高附加值农业转变创造了条件,有效地促进了农业产业结构的调整和农村经济的发展,使农民真实感受到了农村公路建设给他们带来的切实的经济效益。"年万里农村路网工程"项目实施前后单位农田收益对比如图 8-11 所示。

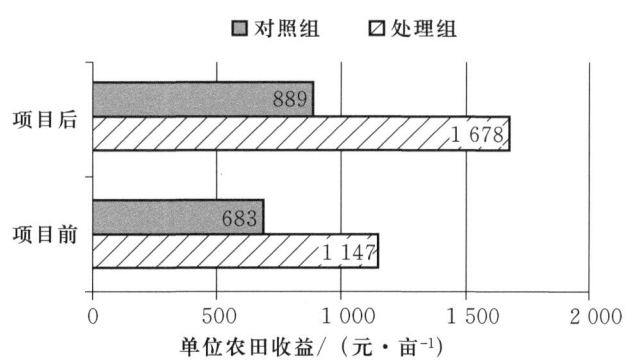

图 8-11 "年万里农村路网工程"项目实施前后单位农田收益对比

处理组中,农民的单位农田收益由项目前的 1 147 元/亩,上升到项目后的 1 678 元/亩;其中,"年万里农村路网工程"项目造成的影响多达 325 元/亩。可以认为,处理组农民单位农田的收益增加主要得益于农村公路路况的改善。

对照组中,从 2003 年至 2007 年,农民单位农田收益由 683 元/亩增至 889 元/亩,增幅远低于处理组。究其原因,很大程度上是交通条件制约了农产品的价格,从而使得农民农业种植积极性变差,形成负反馈循环。

【调研案例】以漳州市平和县山格乡隆庆村为例,该村以往路面非常窄,只有 2.5 m 宽,生产的杨梅由于车子进不来,根本卖不上好价钱。路修好后,杨梅拉到市里每千克可卖10～12元,村民收入变化很大,人均收入从1 000元/年增加到4 000元/年。

3. 非农业发展

(1) 农村公路带来农村地区产业升级,非农产业产值比重显著提升。

"年万里农村路网工程"项目的实施对于农村工业的促进性作用主要体现在以下方面:一是路况改善,对原材料和成品运输费用的减少;二是在同等工资待遇和工作条件的情况下,交通条件好的企业更容易招到工人。在调查中发现,"年万里农村路网工程"项目实施以后,很多农民不再从事农业生产活动,转而从事如运输业、建筑业、服务业等行业。"年万里农村路网工程"项目实施前后建制村二、三产业产值变化情况如图8-12所示,从图中可以看出,从2005年开始,处理组二、三产业产值的增长率逐渐大于对照组,并呈现逐渐拉大与对照组差距的趋势。经测算,由农村公路建设产生的非农产业产值比重增长率每年达到4%,随着时间的推移,这个效益的发挥将越来越明显。

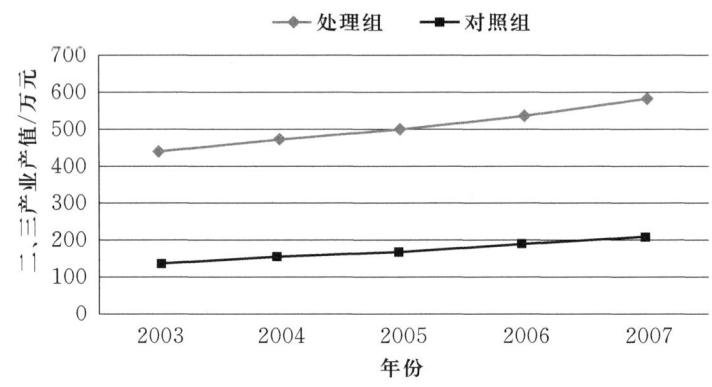

图8-12 "年万里农村路网工程"项目实施前后建制村二、三产业产值变化情况

【调研案例】 ①福州市闽清县仙下村虾类加工厂负责人反映:路修好后,采购成本降低,运输成本降低了20%,销售量很好,只要能做出,就能销出去,销售量增长30%左右。

②龙岩市连城县精诚模具有限公司(横河镇)负责人反映:建厂时考虑了交通条件,公司选择了在附近农村公路建成后开始建设工厂。现在交通便利了,形象提升了,气派更大了,外国人的订单多了,更能吸引路过客户的注意了,增加了客源。如今每年有几十家客户会来,大大提高了效益,运输成本也降低了20%左右。

(2) 农村公路改善了农村经济环境,民营及乡镇企业数量显著增加。

农村经济的发展离不开农村个体经济的发展,发展个体私营经济对增加农民收入、吸纳农民就业有着立竿见影的效果,此外,还为私营企业的兴起提供了育成基地。福建省"年万里农村路网工程"项目对于促进这一过程有着特殊而显著的效果,随着通乡、通村公路的建成,农村道路畅通了,信息渠道也畅通了,增强了与外界的联系与交流,明显改善了广大农村的投资环境,改善了乡镇企业和个体经济的发展环境,使得乡镇企业、个体工商户数量明显增加。

"年万里农村路网工程"项目实施前后建制村民营企业数量对比如图8-13所示。处理组中民营企业及个体工商户数量由项目建设前的每村 10 个,增加到项目完成后的每村 20 个,比项目前增加了一倍。其中,由农村公路项目自身造成的民营企业数量增加数为 4 个/村,项目成效相当可观。对照组中民营企业及个体工商户数量由 2003 年的 6 个/村,增加到 2007 年的 12 个/村,数量同样增加了一倍,究其原因主要是受到其他政府农村经济刺激政策的影响。如果能在对照组建制村实施农村公路项目,必将产生叠加效应,利用良好的自然资源及交通条件不断拓宽招商领域,从而充分挖掘本土资源优势,促进农村经济发展,实现农民增产增收。

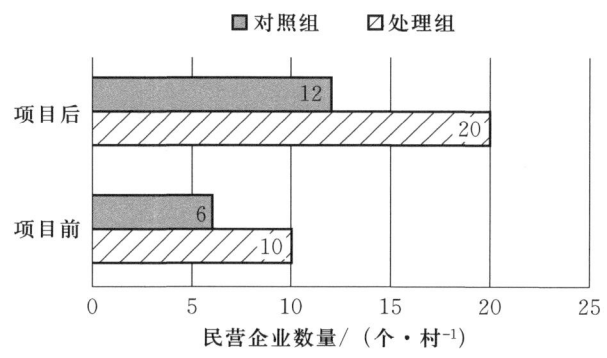

图 8-13 "年万里农村路网工程"项目实施前后建制村民营企业数量对比

【调研案例】建瓯市徐墩乡叶坊村原先与外界的联系依靠的是一条坑坑洼洼、弯弯曲曲的机耕路。2007 年下半年,借着全市农村公路建设的东风,该村修起了水泥路,一下子拉近了与外界的距离。厦门客商唐某来到叶坊村考察,通过几次实地调查,唐某决定在这里投资 5 200 万元,创办一家纸业公司。像唐某这样看中叶坊村环境,最终在这里投资办厂的客商 2009 年已来了 3 个。唐某说,通村公路建成后,这里的交通条件不比工业园区逊色,而农村劳动力能够就近就业,对企业来说也相对减少了成本。

8.4.3 社会影响评价

1. 农民生活水平(含贫困率分析)

(1) 农村公路建设提升了农民人均纯收入,农民非农业收入增长迅速。

农民收入是否增加在很大程度上取决于农产品能否顺利卖出去并且能否卖个好价钱,实现其价值,以及能否降低农业生产资料成本,提高利润率。"年万里农村路网工程"项目的建设降低了农产品的运输成本,降低了种子、化肥等农用物资价格,降低了运输风险,促进了产值增加的同时使农民能够更多地从流通环节得到利润。此外,农民收入的高低还取决于农业产品质量和农业生产率的高低。"年万里农村路网工程"项目增加了农民与外界的交流,促进了农业合作组织的发展,从物质上有利于农业技术的推广,有利于提高农业生产效率,从而提高了农产品附加值,并增强了农产品的市场竞争力。

"年万里农村路网工程"项目实施以后,农民从事工业、建筑业、运输业、批发零售餐饮业以及服务业的收入急剧增长。"年万里农村路网工程"项目对于二、三产业的发展起到了促进性作用,增加了农民选择进入二、三产业的机会,并大幅度提高了其非农收入。

"年万里农村路网工程"项目实施以后,处理组农民家庭年收入大幅度增加,其家庭年收入变化情况如图 8-14 所示。"年万里农村路网工程"项目对不同收入水平农户的收入情况影响如图 8-15 所示。

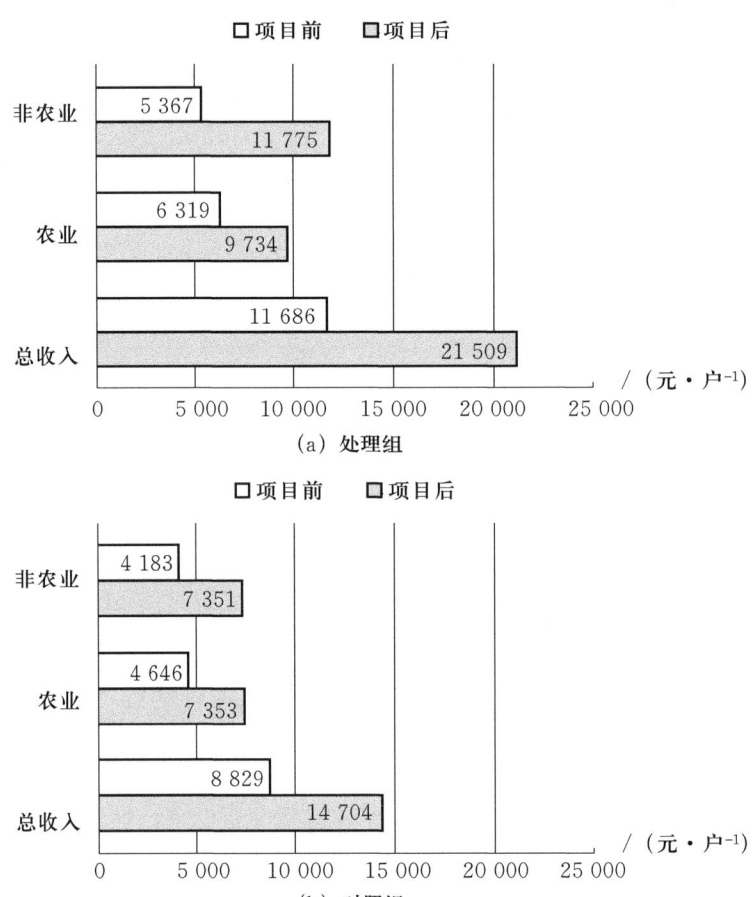

图 8-14 "年万里农村路网工程"项目实施前后家庭年收入对比

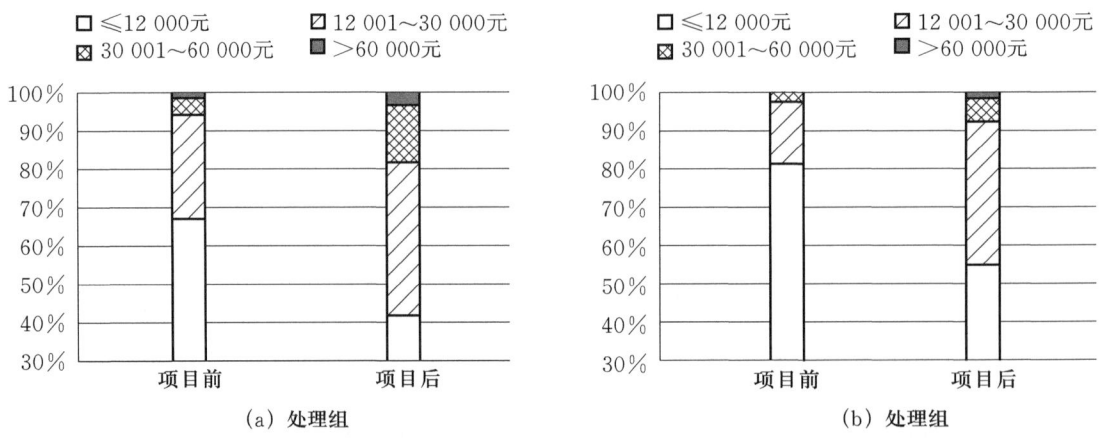

图 8-15 "年万里农村路网工程"项目对不同收入水平农户的收入情况影响

处理组中,农户家庭年收入由 2003 年的 11 686 元/户,增至 2007 年的 21 509 元/户。根据影响指标评价结果,由项目因素产生的农民家庭年收入增加值高达 3 948 元/户,其中,农业收入增加 708 元/户、非农业收入增加 3 240 元/户。从图 8-16 中可以看出,项目建设前,家庭年收入超过 12 000 元的家庭只占到 33%;项目完成后,这一比例上升到 58%。还有 10% 的农户,其年纯收入超过 30 000 元,已接近城镇居民人均可支配收入。

对照组中,农户家庭年收入由 2003 年的 8 829 元/户,增至 2007 年的 14 704 元/户。虽然有较大程度的提高,但主要得益于实施了取消农业税等政策措施。更为重要的是,截至 2007 年,仍有 56% 的家庭年收入不足 12 000 元。按照国际贫困线每人每天 1.25 美元计算,仍有相当比例的家庭年收入未达到贫困线。可见,恶劣的交通条件显著限制了对照组农民摆脱贫困的能力。

【调研案例】宁德市福安市的一条农村公路,连接三个村,长 9.8 km,它的完工意味着福安市溪柄镇横坑村、北山村和范坑乡咸洋村三个村的村民今后将告别行路难,从此走上致富之路。溪柄镇副镇长徐军潮介绍,蛋鸡、茶叶和木材是该镇的三个支柱产业。其中,这三个村蛋鸡的产蛋量占了全镇的三分之一。徐副镇长粗略算了一下:沿线三个村每年产蛋 500 万 kg,路通了之后,每千克收购价可增加 0.2 元,每年可增收 100 万元。茶叶和木材收购价也将上升,可使沿线村民每年增收 200 万元。

(2) 农村公路建设增加了每户的生活消费支出,提高了农民生活水平。

随着"年万里农村路网工程"项目的实施,农村地区交通基础设施逐步完善,农村居民收入增加,农民消费与购物也越来越方便,提高了农民的消费水平,农民的生活条件因此得到了明显的改善。

首先,交通基础设施的改善带来了农民收入的增加,农民收入增多了,从而有能力购买更多的消费品。其次,由于交通条件的改善,丰富了农村市场上的商品种类,市场的繁荣也给农民消费水平的提高创造了条件。"年万里农村路网工程"项目实施前后农民人均生活消费支出对比如图 8-16 所示。从图中可以看出,"年万里农村路网工程"项目实施后处理组农民户均消费性支出迅速增长,由项目前的 5 167 元/年提升到项目后的 7 433 元/年,其中食品消费由 3 975 元/年增加到 5 825 元/年。农村公路的建设使得农民提高了消费水平,最终提高的是农民的生活水平,同时也有利于缩小农村与城镇居民的生活差距,对破除我国城乡二元化的发展格局起到了推动作用。

2. 农民就业情况

(1) 农村公路项目拓宽了农民就业渠道,每户外出就业人数有所增长。

"年万里农村路网工程"项目实施以前,许多农民由于出行困难,只能选择留在家里务农。由于福建省"八山一水一分田"的地理环境,造成农村的农地有限,一些交通受限的农村有很多的剩余劳动力没有得到开发。而"年万里农村路网工程"项目的实施改变了这种局面,很好地解决了农民出行难的问题,使农民走出大山,开始在新的地方寻找新的工作机会。

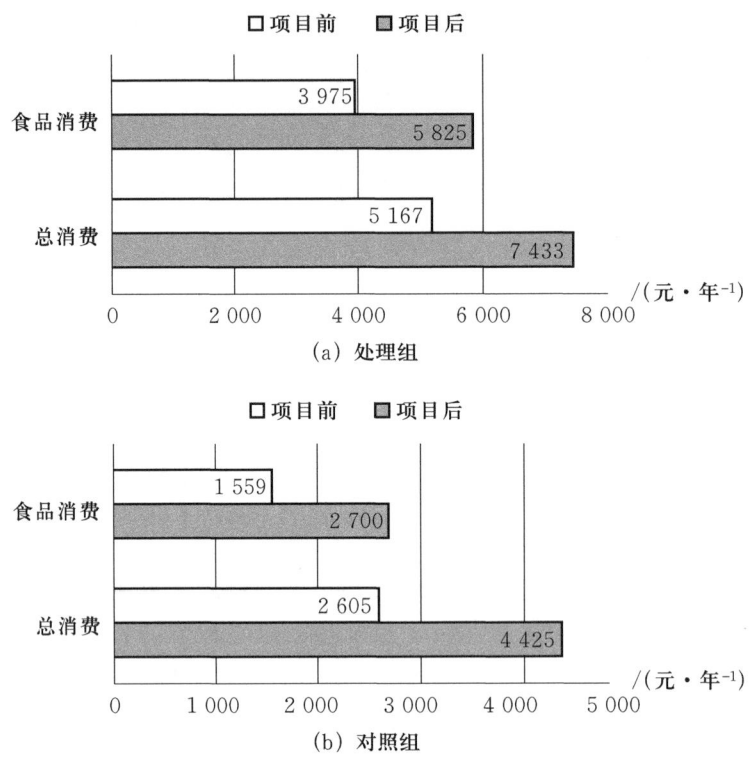

图 8-16 "年万里农村路网工程"项目实施前后农民人均生活消费支出对比

在调查访问中,虽然农民不会使用经济意识、市场意识、发展意识等词汇,但是他们用平实的语言表达了这一思想:我想要出去闯一闯。有无"年万里农村路网工程"项目建制村农民每户外出就业人口比重对比如图 8-17 所示。由图 8-17 可以看出,处理组农民的外出就业人口比重比对照组农民要高出 3%。考虑到处理组村庄的人口数量(1 276 人/村)要远高于对照组的人数(807 人/村),因此,实际上处理组外出就业的农民数量要远多于对照组的农民数量。

【调研案例】大量的企业涌入给宁德市霞浦县松港街道章家洞村提供了大量的就业岗位。企业出于生产成本的考虑,减少后勤保障的支出,就近大量地吸纳当地的农民进厂务工,已占企业用工总数的 70%～80%。经过必要的上岗培训,农民可以成为合格的工人。在章家洞村 14 km^2 的土地上,40%以上的农民开始摆脱世世代代"面朝黄土背朝天"的务农生活,转变为产业工人。

(2) 农村公路项目创造了大量就业机会,本地非农就业人数增加明显。

有无"年万里农村路网工程"项目建制村每户本地非农就业人口比重对比如图 8-18 所示。"年万里农村路网工程"项目实施以后,道路运输条件得以改善,运输成本降低,极大改善了农村地区企业的发展环境,同时也提高了企业的利润收入,为农民开办工厂创造了前提条件,特别是在平原、微丘地区更为明显。"年万里农村路网工程"项目的实施,使得农村与城镇的联系更加紧密,原材料以及产品的运输更加方便。因此,处理组农民的本地非农就业人口比重要高于对照组 6.9%,村里一些外出务工的人员纷纷返回村里务农、务工或创业。

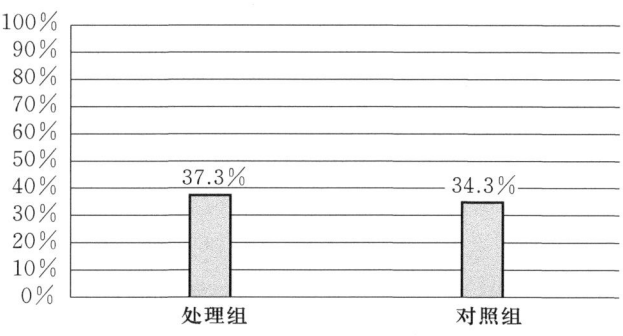

图 8-17 有无"年万里农村路网工程"项目建制村农民每户外出就业人口比重对比

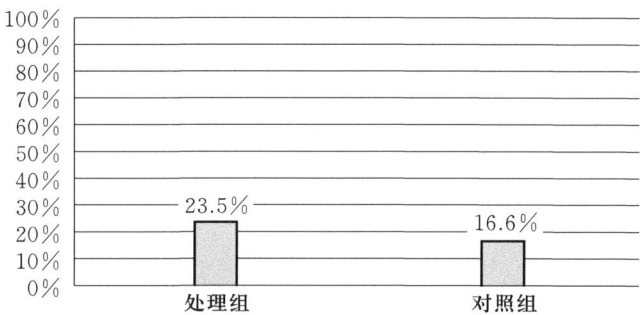

图 8-18 有无"年万里农村路网工程"项目建制村每户本地非农就业人口比重对比

【调研案例】福州市闽清县坂东乡原来在 104 国道旁边办的加工厂,公路建成后都搬回乡里了。随着道路的建设,村民的对外交流增多,思想观念有了很大变化,信息更加灵通,农民敢想敢做。坂东乡秋峰村妇女外出务工的人数增加了几十人,晚上也可以回家,很方便。

3. 农村公共服务情况

(1) 农村学生不再受恶劣天气影响,中小学生上学条件得到显著改善。

农村义务教育是提高农村人口素质的最重要途径之一。农村居民居住分散,地形复杂,道路条件差等,必然会给学生上学带来不利的影响。出行条件的改善,使得农村学校师生的通勤时间明显减少,进而促进了农村地区教育事业的发展。

有无"年万里农村路网工程"项目建制村中、小学生入学率对比如图 8-19 所示。虽然处理组适龄小学生的入学率仅高出对照组 0.1%,但是其适龄中学生入学率要比对照组高 5.3%,

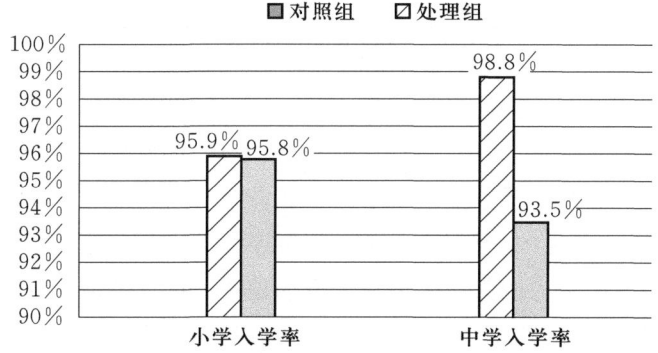

图 8-19 有无"年万里农村路网工程"项目建制村中、小学生入学率对比

农村公路的建设在此功不可没。因为"年万里农村路网工程"项目主要建设的是建制村通乡镇的道路,而中学或同等级职业技术学校主要集中在乡镇,所以"年万里农村路网工程"项目对于通过这些道路上学的中学生来说影响更大。此外,交通条件的改善也使得城里的教师也可以方便地进入农村学校教书,进而又促进了农村学校教学条件的改善。

(2) 提高农村地区居民医疗服务的可达性,农民就医习惯大大改观。

农村居民一般住得较为分散,因此在"年万里农村路网工程"项目实施以前,农民生了小病一般都不管,尤其是偏远地区、山区村民,由于路远难行,去市里医院看病往往要耗费好几个小时。本来就经济拮据的农民,就更不愿去医院就诊了。有无"年万里农村路网工程"项目建制村村民就医习惯变化情况对比如图8-20所示。"年万里农村路网工程"实施后,处理组中91%的村民表示在农村公路建设后,自己及家人的就医习惯产生了变化,农民愿意去医院、卫生所检查身体、接受治疗,基层医疗服务人数也增加了,很多有条件的居民开始接受定期体检服务,农民对防病保健的认识也大幅加深。而同期仅有48%的对照组村民认为自己和家人的就医习惯发生了一定程度的改变。

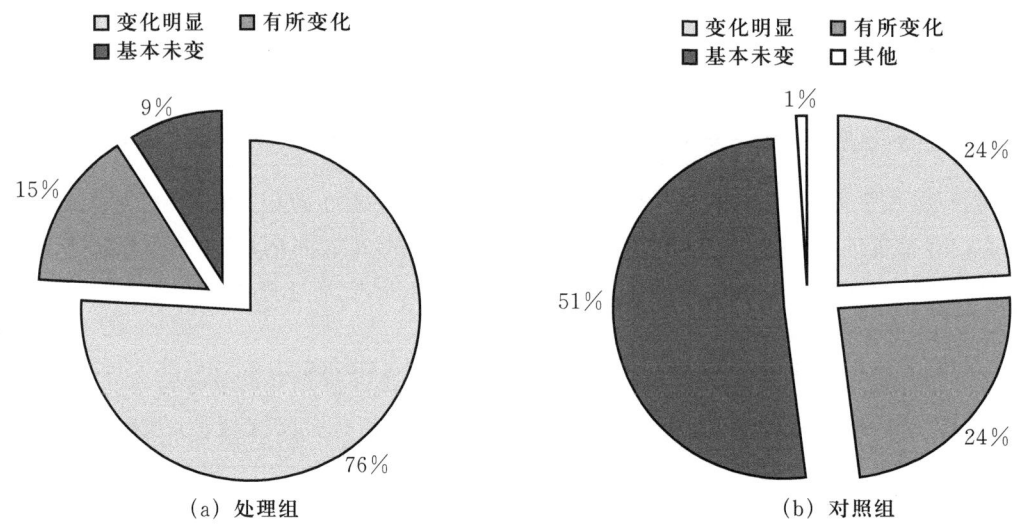

图8-20 有无"年万里农村路网工程"项目建制村村民就医习惯变化情况对比

此外,"年万里农村路网工程"项目的实施还使得以前医疗服务不能覆盖的偏远村的医疗条件发生了改变。农村公路建设后,处理组建制村均可享受到出诊服务,极大地改善了农村危重病人就医情况。特别是对于心脏病等突发疾病、烧伤等突发状况,接受救治时间的早晚与医疗效果息息相关。"年万里农村路网工程"项目实施前,一些地区村民心脏病突发、误服农药等情况不能得到及时救治;项目实施以后,这些危重病的救治率显著提高。

(3) 缩短农村地区应急与救援服务时间,保障了农民的生命财产安全。

应急与救援服务是衡量一个国家经济实力和福利水平的重要指标。福建省是台风灾害的高发地区,提高应急与救援服务能力对保障福建省人民生命财产安全有着重要作用。

"年万里农村路网工程"项目实施前后应急与救援服务时间变化情况对比如图8-21所示。处理组中,119、120、110 应急与救援服务时间从项目前的 57~79 min 下降到项目完成后的50 min 以内,110的接警时间更是在30 min内即可到达案发现场。其中,由项目因素产生的119应急服务时间的下降幅度为22 min,120救援服务时间下降幅度为23 min,110接警时间下降幅度为18 min。

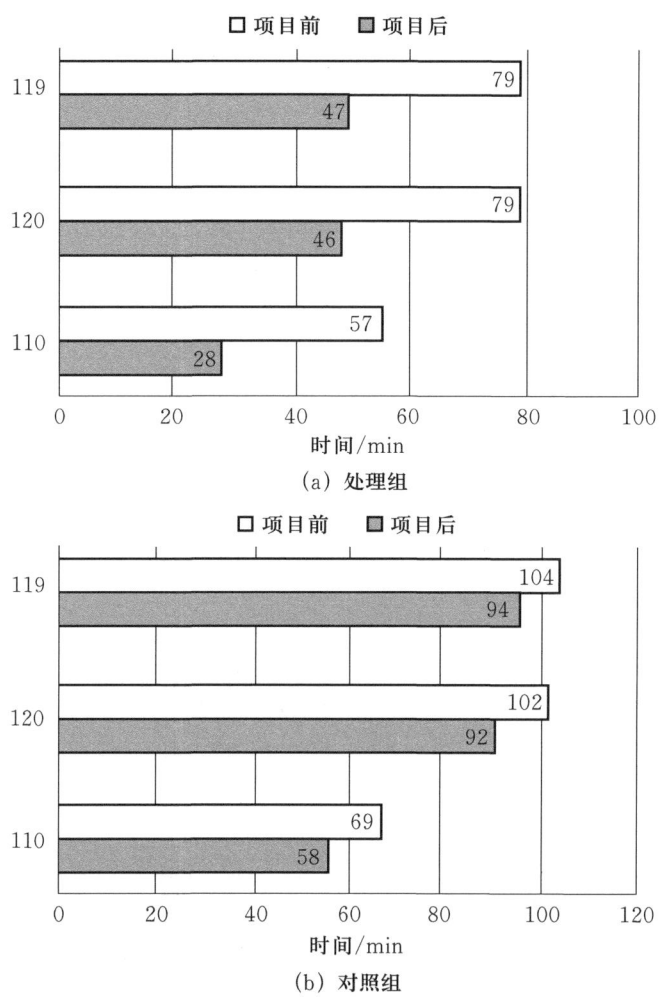

图8-21 "年万里农村路网工程"项目实施前后应急与救援服务时间变化情况对比

对照组中,随着福建省公共服务及设施覆盖范围的扩大,各类应急与救援服务时间也有所减少。然而,由于道路交通条件较差,上述各类应急与救援服务时间的降低并不显著。其中,119应急服务时间由2003年的104 min降至2007年的94 min,120救援服务时间由102 min降至92 min,110接警时间由过去69 min降至58 min。可以看出,三类应急与救援服务时间基本在1h以上,119和120应急与救援服务时间更是超过了1.5 h,较差的交通状况使人民群众生命与财产安全难以得到保障。

4. 农村妇女情况

"年万里农村路网工程"项目的实施改变了当地务工的方式,很多地方实现了"早上出门上班,晚上回家休息"的新型务工方式。特别要指出的是这种务工方式的变化对农村妇女生活的影响:农村妇女一般肩负着照顾家庭的责任,这使她们出远门务工受到限制,"上下班"的务工方式使她们在生产劳动的同时兼顾家庭,这对改善妇女生活、提高妇女素质、提升妇女地位产生了显著效果。有无"年万里农村路网工程"项目建制村农民每户女性非农就业人口比重对比如图 8-22 所示。处理组中每户女性非农就业人口比重达到了48.5%,超出对照组 6.4%,每户几乎一半的女性摆脱了繁重的农业劳动,转而从事更适合她们生理条件的非农业劳动。在部分家庭中,所有女性均不再从事农业劳动。

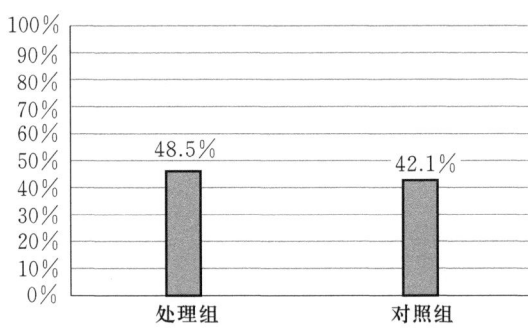

图 8-22 有无"年万里农村路网工程"项目建制村农民每户女性非农就业人口比重对比

8.4.4 环境影响评价

1. 生活环境影响

"年万里农村路网工程"项目实施前后建制村街道整洁情况对比如图 8-23 所示。公路建设提高了村庄绿化水平,农村街道较以往更加干净整洁。调查显示"年万里农村路网工程"项目实施过程中,处理组"道路改善"建设配合"村庄整治",使福建农村面貌焕然一新。调查中村民反映,在"年万里农村路网工程"项目实施前,村庄存在垃圾随意丢弃的现象,道路两旁随处可见村民丢弃的垃圾、废弃的建筑材料等,两旁的厕所也是又脏又乱。67%的村民对自己村庄的卫生状况表示不满。项目实施后,道路建成,路边环境绿树成荫、整洁美观,许多村庄还配套垃圾台建设,进行垃圾定点清理,村民们普遍反响很好,对本村的街道整洁和卫生情况满意度达到了 100%。而同期,对照组建制村的情况无明显改善,有 30% 的村民对自己的居住与生活环境表示很不满意。

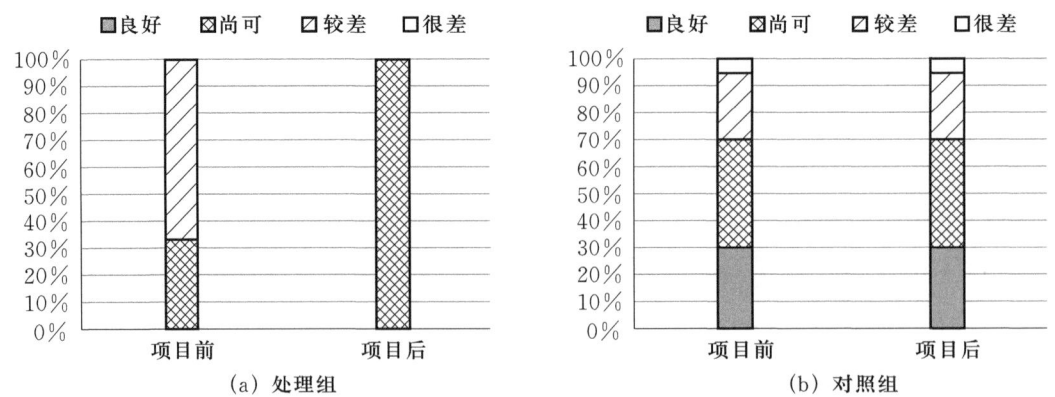

图 8-23 "年万里农村路网工程"项目实施前后建制村街道整洁情况对比

2. 生态环境影响

农村公路对农村生态环境的影响显著,空气质量满意度大幅提升。通过对全省17个县(市、区)中76个建制村的816位村民抽样调查,"年万里农村路网工程"项目建设对村民居住环境产生了积极的影响,村民普遍反映很好。"年万里农村路网工程"项目实施前后公众对空气质量的满意度情况对比如图8-24所示。从图中可以看出,处理组村民的空气质量满意度由项目前的82%提升至项目完成后的95%;而同期对照组的空气质量满意度几乎没有改变。

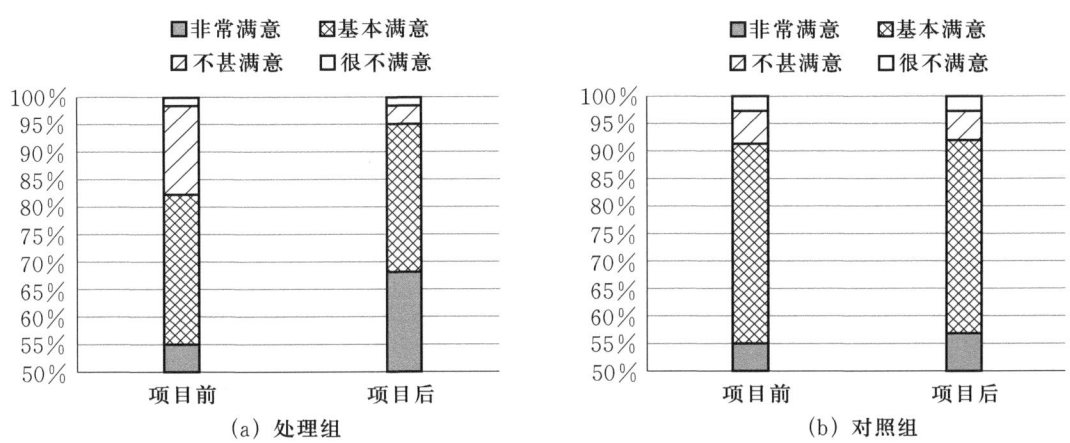

图8-24 "年万里农村路网工程"项目实施前后公众对空气质量的满意度情况对比

【调研案例】 在屏南县长桥镇周佳山村的农村公路实施后,这里的乡间土路已经被五纵两横里程为4 km的道路网和宽度为6~9 m的农村公路大道所取代,昔日农家"粪池朝天、污水横流"的现象不见了,取而代之的是空气清新、树绿水清的整洁环境。

8.4.5 政治影响评价

1. 基层组织改善

在"年万里农村路网工程"项目实施过程中,基层党组织和政府充分发挥战斗堡垒作用,进行组织领导、科学决策,确保"年万里农村路网工程"项目有目标、有计划、有组织、有步骤地实施;广泛宣传相关政策、先进典型和建设成果,调动乡(镇)、村以及广大群众的支持和参与建设的积极性;完善制度,保障人民群众的利益;加强廉政保证工作,使"年万里农村路网工程"项目成为阳光工程、廉政工程。通过"年万里农村路网工程"项目的实施,基层党组织和政府进一步明确了"立党为公、执政为民"的执政理念,增强了执政意识,完善了执政方式,提升了执行能力,提高了自身素质,巩固了执政基础,执政能力得以增强。通过对宁德市寿宁县武曲镇桦垅村村民的抽样调查,得到村民对基层干部执政能力评价的变化情况如图8-25所示。"年万里农村路网工程"项目实施后,村民100%地认为村委会组织威信、执政能力得到了提高。

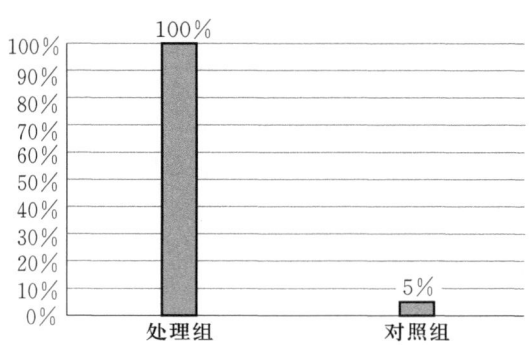

图 8-25 有无"年万里农村路网工程"项目建制村基层执政能力变化情况对比

【调研案例】 宁德市霞浦县盐田镇中贝村村支书陈明峰为了村里的公路建设,连续 6 个月奋战在工地上;为了弥补资金短缺,他以个人名义借款 9 万元,每天忙碌在工地上,记工本上却从来没有出现过他的名字。年底还不上钱,为了给借款者表达歉意,他想买头猪杀了送些肉,在买猪回来的路上,不幸遭遇车祸身亡。追悼会上全村 300 多名村民热泪长流,深情缅怀他们的好支书陈明峰同志。陈明峰同志为了群众的事业鞠躬尽瘁、死而后已,用行动实践了共产党员为人民服务的诺言,在群众心中树立了一心为民的基层干部的光辉形象,提升了政府在人民群众心中的地位。

2. 公众参与政治活动情况

农村公路项目得到了农民群众的支持,公众参与项目建设的热情高涨。"年万里农村路网工程"项目实施以来,得到了广大农民群众的大力支持、衷心拥护和广泛参与。调查中反映参与项目建设、决策的人数高达 71%,可见农民对于农村公路建设的热心程度。"年万里农村路网工程"项目的公众参与主要体现在以下几个方面:

(1) 在农村公路项目筹资过程中,得到了包括农民、个体老板、私营企业等不同单位、个人不同数额的捐赠,在很大程度上解决了资金筹集难的问题。这个现象反映出农民觉悟的提高,农民不再局限于自家的小利益,能用更宽阔的视野看待发展,认识到个人利益与公共利益的统一性。同时,捐款的农民会得到以"功德碑"提名形式等实施的精神奖励,进一步鼓励了农民为实施公众服务的积极性,让农民更加重视体会荣誉感和尊严感,有利于提高觉悟,跳出"小农思维"。

(2) 在农村公路项目建设过程中,采取了"财务公开""一事一议"等一系列民主制度。农民参与到项目设计,施工建设、财务监督、质量监督等各个过程。真正实现了"农民的事农民定,农民的事农民说了算"。在整个过程中,让农民切实体验到了意愿得到政府尊重,权利得到制度保护,能力得到有效发挥。让群众认识到了自己的能力和作用,增强了群众的主人翁意识和对民主制度的信心。同时,通过参与这一系列工作,群众学会了通过组织制度渠道发挥个人作用,表达个人意见,学到了如何按照组织程序和政府打交道,掌握了民主参与的方法,培养了出现问题、发生分歧时采用公共商议方式解决问题的习惯,提升了民主参与的意识。

(3) 在农村公路项目实施过程中,人民群众中涌现出的先进人物和动人事迹不胜枚举。他们的共同特点是心系群众,热爱家乡、眼界开阔、道德高尚、能力突出、勇于奉献。这是"年万里农村路网工程"帮助提高群众觉悟、增强民主意识的有力证明。

参考文献 Peferences

[1] 李兴华,范振宇.中国农村公路发展历程回顾及展望[J].交通世界,2006(10):26-28,18.
[2] 侯莉.我国农村公路建设筹资渠道现状与对策研究[D].西安:长安大学,2008.
[3] 国家发展和改革委员会.农村基础设施建设发展报告 2008 年[M].北京:中国环境科学出版社,2008.
[4] 杨光.农村公路建设对沿线区域发展影响分析及评价方法研究[D].哈尔滨:哈尔滨工业大学,2009.
[5] 李松峰.扶贫公路项目社会经济效益评价研究[D].西安:长安大学,2001.
[6] 曾博.农村公路建设项目社会经济评价指标体系及方法研究[D].西安:长安大学,2009.
[7] 弥海晨,韩瑞民.国外小交通量道路研究发展综述[J].中外公路,2008,28(2):219-222.
[8] 杨东群,李先德.世界部分国家农村建设与发展研究[J].世界农业,2007(5):1-4,16.
[9] 杜志雄,张兴华.世界农村发展与城乡关系演变趋势及政策分析[J].调研世界,2006(7):7-8,47.
[10] 田向利.我国农村经济社会协调发展研究[D].天津:天津大学,2004.
[11] BARRETT C B,REARDON T,WEBB P.Nonfarm income diversification and household livelihood strategies in rural Africa:concepts,dynamics,and policy implications[J].Food policy,2001,26(4):315-331.
[12] BLOCK S,WEBB P.The dynamics of livelihood diversification in post-famine Ethiopia[J].Food policy,2001,26(4):333-350.
[13] CORRAL L,REARDON T.Rural nonfarm incomes in Nicaragua[J].World development,2001,29(3):427-442.
[14] GUIMARÃES A L,Uhl C.Rural transport in Eastern Amazonia:limitations,options,and opportunities[J].Journal of rural studies,1997,13(4):429-440.
[15] ESCOBAL J.The determinants of nonfarm income diversification in rural Peru[J].World development,2001,29(3):497-508.
[16] PORTER G.Living in a walking world:rural mobility and social equity issues in sub-Saharan Africa[J].World development,2002,30(2):285-300.
[17] 马新辉.黑龙江省农村公路建设问题研究[J].理论探讨,2007(2):85-87.
[18] 徐秉宏.浅谈农村公路建设中生态环境保护对策[J].甘肃科技,2008,24(15):133-134.

[19] 王欣荣,赵剑峰,孟繁民.浅谈贫困地区农村公路的建设与发展[J].黑龙江交通科技,2001(5):59-61.

[20] 杨海辉.谈贫困山区农村公路建设存在的问题与思考[J].科技资讯,2008(11):160-161.

[21] 姚凯.农村公路建设与县域经济发展关系研究[J].科学之友.2006(1):94-95.

[22] 姚明霞.福利经济学[M].北京:经济日报出版社,2005.

[23] 庞力.促进城乡基本公共服务均等化的公共财政制度研[D].长沙:湖南农业大学,2010.

[24] 张馨.西方的公共产品理论及其借鉴意义[J].财政研究,1991(11):35-37.

[25] 张馨.论公共财政[J].经济学家,1997(1):95-102.

[26] 齐守印.论公共财政及其经济职能[J].经济论坛,1999(22):4-6.

[27] 刘永涛,郑名伟.公共产品理论对我国农村发展的启示[J].农村农业农民,2004(12):18.

[28] 贺文华.农村公共产品供给与农村经济发展[D].广州:华南师范大学,2005.

[29] 熊巍.我国农村公共产品供给及税费改革[D].厦门:厦门大学,2003.

[30] 世界银行.1994世界银行发展报告[M].北京:中国财政经济出版社,1994.

[31] 张军,蒋维.改革后中国农村公共产品的供给:理论与经验研究[J].社会科学战线,1999(1):36-44.

[32] 魏建.两种公共产品的供给与中国农村的发展[J].西北大学学报,2009(6):69-74.

[33] 胡拓平.乡村公共产品的供求矛盾探析[J].财政研究,2001(7):31-36.

[34] 林万龙.经济发展水平制约下的城乡公共产品统筹供给:理论分析及其现实含义[J].中国农村观察,2005(2):31-37.

[35] 缪之湘,钟锋雨.我国农村公路建设融资渠道探析[J].交通财会,2006(5):30-32.

[36] 杨军.农村公路多元化筹资的必然性分析[J].山东交通科技,2009(4):65-66.

[37] 张权辉.乡村公路建设的经济学分析[J].辽宁经济管理干部学院学报,2009(2):31-32.

[38] 马文田.中国农村公路有效供给不足的问题探讨[J].中州学刊,2008(3):57-59.

[39] 牛仕伟.我国公路建设项目后评价[J].交通世界,2010(6):278-279.

[40] 王建军.公路建设项目后评价理论研究[D].西安:长安大学,2003.

[41] 解先荣,鲍香台.公路建设项目后评价方法的研究[J].公路交通科技,1999(4):85-87.

[42] 代玉斌.国防公路建设项目后评价及应用研究[D].哈尔滨:国防科学技术大学,2008.

[43] 袁剑波,朱文喜.公路建设项目后评价内容体系研究[J].公路,2001(6):92-95.

[44] JALAN J,RAVALLION M.Geographic poverty traps? A micro model of consumption growth in rural China[J].Journal of applied econometrics,2002,17(4):329-346.

[45] BLOCK S,WEBB P.The dynamics of livelihood diversification in post-famine Ethiopia[J].Food policy,2001,26(4):333-350.

[46] JACOBY H G.Access to markets and the benefits of rural roads[J].The economic journal,2000,110(465):713-737.

[47] BINSWANGER H P,KHANDKER S R,ROSENZWEIG M R.How infrastructure and financial institutions affect agricultural output and investment in India[J].Journal of development economics,1993,41(2):337-366.

[48] LOKSHIN M,YEMTSOV R.Has rural infrastructure rehabilitation in Georgia helped the poor?[J].The world bank economic review,2005,19(2):311-333.

[49] LEINBACH T R.Transport evaluation and rural development:an indonesian case study[J].Third world planning review,1983,5(1):23.

[50] BRYCESON D F,HOWE J.Rural household transport in Africa:reducing the burden on women?[J].World development,1993,21(11):1715-1728.

[51] FAN S,HAZELL P,THORAT S.Government spending,growth and poverty in rural India[J].American journal of agricultural economics,2000,82(4):1038-1051.

[52] LOKSHIN M,YEMTSOV R.Has rural infrastructure rehabilitation in Georgia helped the poor?[J].The world bank economic review,2005,19(2):311-333.

[53] ROSENBAUM P R,RUBIN D B.The central role of the propensity score in observational studies for causal effects[J].Biometrika,1983,70(1):41-55.

[54] VAN D W D.Choosing rural road investments to help reduce poverty[J].World development,2002,30(4):575-589.

[55] HECKMAN J J,ICHIMURA H,TODD P E.Matching as an econometric evaluation estimator:evidence from evaluating a job training programme[J].The review of economic studies,1997,64(4):605-654.

[56] HECKMAN J J,ICHIMURA H,TODD P.Matching as an econometric evaluation estimator[J].The review of economic studies,1998,65(2):261-294.

[57] JACOBY H G.Access to markets and the benefits of rural roads[J].The economic journal,2000,110(465):713-737.

[58] 张慧颖.基于灰色变权聚类的公路建设项目成功度评价[J].公路,2006(8):141-146.

[59] 刘奇,李旭宏.农村公路网技术评价指标体系的研究[J].交通运输工程与信息学报,2007(4):105-109.

[60] 梁国华,杨琦,马荣国.农村公路绩效评价指标体系的构建方法[J].中国公路学报,2007(6):111-116.

[61] 罗京,王峰,王元庆.农村公路建设的社会经济效益分析[J].公路,2007(9):122-127.

[62] 马书红,方健红,王元庆.农村公路社会经济绩效评价体系探讨[J].公路,2007(8):130-134.

[63] 沈群.安徽省农村公路规划评价指标体系研究[J].公路,2008(4):138-142.

[64] 高喜珍,王莎.公共项目的社会影响后评价——基于利益相关者理论[J].哈尔滨商业大学学报(社会科学版),2009(3):33-36.

[65] 王莎.基于核心价值的交通基础设施项目社会影响后评价[D].天津:天津理工大学,2009.

[66] 张成军.实验设计与数据处理[M].北京:化学工业出版社,2009.

[67] 罗纳德·扎加,约翰尼·布莱尔.抽样调查设计导论[M].沈崇麟,译.重庆:重庆大学出版社,2007.

[68] 彼得·罗希,马克·李普希,霍华德·弗里曼.评估:方法与技术(第7版)[M].邱泽奇,王旭辉,刘月,译.重庆:重庆大学出版社,2007.

[69] 熊伟.农村公路网布局规划方法研究[D].南京:东南大学,2003.

[70] 裴玉龙.公路网规划[M].北京:人民交通出版社,2004.

[71] 王银华.区域公路网发展规模的预测与优化方法研究[D].北京:北京交通大学,2008.

[72] 石兆旭.区域公路网布局形态及规模研究[D].北京:北京工业大学,2006.

[73] 中国公路建设行业协会.农村公路建设与管理必读[M].北京:人民交通出版社,2004.

[74] 佩特根,于尔根斯,绍柏.混沌与分形:科学的新疆界[M].北京:国防工业出版社,2008.

[75] 陈体江.城镇体系与公路网络的分形研究[D].长沙:长沙理工大学,2010.

[76] 艾南山,李后强.走向分形地貌学[J].地理学报,1999(3):23-28.

[77] 陈彦光.中心地体系中的分形和分维[J].人文地理,1998(6):14-19.

[78] 许学强,周一星,宁越敏.城市地理学[M].北京:高等教育出版社,2009.

[79] 陈彦光,王永洁.城镇体系相关作用的分形研究[J].科技通报,2001(7):25-29.

[80] 崔功豪,王本炎,查彦玉.城市地理学[M].南京:江苏教育出版社,1992.

[81] 陈彦光,刘继生.城市规模分布的三参数Zipf模型——Davis二倍数规律的理论推广及其分形性质的实证分析[J].华中师范大学学报,2000,34(1):22-25.

[82] 陈彦光.城市体系Koch雪花模型的实证研究——中心地K3体系的分形与分维[J].经济地理,1998,18(4):17-20.

[83] 杨东援,吴海燕,宗传苓.采用分形几何学方法概述路网覆盖形态[J].中国公路学报,1996,9(3):29-35.

[84] 相伟.城乡一体化进程中城镇公交规划方法研究[D].南京:东南大学,2006.

[85] 陈彦光,刘继生.城镇体系空间结构的分形维数及其测算方法[J].地理学报,1999,18(2):9-12.

[86] 陆大道.区域发展及其空间结构[M].北京:科学出版社,1995.

[87] 谭永朝.混合交通条件下的公交优先模式[D].南京:东南大学,2006.

[88] 韩晓英.农村公路服务质量评价研究[D].西安:长安大学,2008.

[89] 王进坤,李晔.农村居民出行特征研究及启示——以福建省为例[J].交通世界,2009(2):80-83.

[90] 陈彦光.分形城市系统的空间复杂性研究[D].北京:北京大学,2004.

[91] 威廉·邦奇.理论地理学[M].北京:商务印书馆,2009.

[92] 福建省统计局.2008福建省统计年鉴[M].北京:中国统计出版社,2009.

[93] 陈赟.城镇体系与公路交通适应性研究[D].长沙:长沙理工大学,2005.

[94] 马书红.区域公路交通与经济发展的适应性研究[D].西安:长安大学,2002.

[95] 潘文刚.城市群公路网络适应性分析[D].西安:长安大学,2008.

[96] 寇婷婷.公路网与国民经济的适应性分析[D].西安:长安大学,2009.

[97] 张小民,吴群琪.公路规模-经济产出的分形理论模型[J].中国公路学报,2008,21(1):106-110.
[98] 张慧颖.用层次分析法对交通决策进行综合评价[J].交通标准化,2004(5),50-52.
[99] 胡永宏,贺思辉.综合评价方法[M].北京:科学出版社,2000.

附录 A 抽样调查的处理组建制村详单

设区市	县(市、区)	乡镇	建制村
福州	闽清	梅溪	樟洋
		坂东	秋峰
			仙下
		省璜	洋里
		山格	隆庆
		坂仔	山边
			仁山
漳州	漳浦	旧镇	山兜
			霞屿
			狮头
		赤湖	南峰
龙岩	新罗	江山	下挖
			背洋
		雁石	下营
	连城	曲溪	黄胜
		文亨	蒋坊
三明	尤溪	梅仙	丈际
			科第
			东头
			东坪
			云林
南平	延平	炉下	官庄
		大横	湖尾
宁德	蕉城	赤溪	岩坪
			院前
		九都	乌坑
		漳湾	官井

续表

设区市	县(市、区)	乡镇	建制村
宁德	霞浦	盐田	中贝
			南塘
	福鼎	前岐	薛家
		沙埕	川石
	寿宁	武曲	桦垅
	福安	坂中	仙源里
		溪柄	北山
	古田	平湖	招坑
	屏南	长桥	周佳山

附录 B 抽样调查的对照组建制村详单

设区市	县(市、区)	乡镇	建制村
南平	政和	星溪	九蓬
		外屯	黄坑
	浦城	徐墩	叶坊
		房道	曹岩
			潘坑
		吉阳	巧溪
			张坑
			圭历
	建瓯	莲塘	吴东
		官路	高门
			花园
		富岭	小密
		水北街	茅洲
宁德	蕉城	飞鸾	梧埕
		霍童	枇杷洞
		洋中	芹屿
			邑堡
			南坪
	霞浦	三沙	青官兰
			青官司
		松港街道	章家洞
	福鼎	佳阳	上庵
	寿宁	大安	菜坑
		清源	余山岗
	福安	城阳	纸坪
		范坑	咸洋

附录 B 抽样调查的对照组建制村详单

续表

设区市	县(市、区)	乡镇	建制村
宁德	福安	溪柄	横坑
		下白石	畚斗坑
	古田	大桥	门里
		吉巷	薛后
	屏南	长桥	前里坪
		寿山	亥由
			郑洋
		棠口	小章

附录 C 基准调查和跟踪调查问卷

福建省农村公路建设影响评价——公众调查问卷 A
（影响区）

_____县（市、区）　　_____乡（镇）　　_____村

调查日期：　　　　　调查员：　　　　　组长：

[基本信息]
姓名：_____　　年龄：_____　　性别：□1.男　□2.女
家庭住址所在地：□1.改建公路附近（500 米以内）　□2.其他
文化程度：□1.小学及以下　□2.初中　□3.高中或中专　□4.大专及以上
家庭人数：_____（女性成员人数：_____）

[公众调查]

- 1.您对本村的农村公路改建项目的了解情况是_____。
  A.了解详情　　　　　　　　B.基本了解
  C.不是很了解　　　　　　　D.根本没听说

- 2.在本村农村公路改建项目实施过程中，您对项目的参与程度如何？_____
  A.参与了施工建设　　　　　B.积极提出各种意见
  C.以上两项都有　　　　　　D.没有参与

- 3.目前，您（或您的家人）：
  前往生产劳动场所最常用的交通方式是_____，所需的时间约_____分钟；
  前往本乡（镇）中心最常用的交通方式是_____，所需的时间约_____分钟；
  前往集贸市场最常用的交通方式是_____，所需的时间约_____分钟；
  前往医院最常用的交通方式是_____，所需的时间约_____分钟。
  （□ 乡（镇）中心/集贸市场/医院同在一地）
  综合日常生活中的各种出行，目前，您出行最常用的交通方式是_____。
  交通方式选项：（注：若一次出行使用两种以上交通方式，如先步行，后换乘班车，则填"A＋F"，以此类推；相应所需的时间填各交通方式所需时间的总和。）
  A.步行　　　　　　　B.自行车　　　　　　　C.摩托车（两轮）
  D.机动三轮车　　　　E.拖拉机/农用车　　　　F.班车/公交车
  G.小汽车　　　　　　H.其他_____（注明）

- 4.五年前（2003 年左右），您（或您的家人）：
  前往生产劳动场所最常用的交通方式是_____，所需的时间约_____分钟；

前往本乡(镇)中心最常用的交通方式是_____,所需的时间约_____分钟;

前往集贸市场最常用的交通方式是_____,所需的时间约_____分钟;

前往医院最常用的交通方式是_____,所需的时间约_____分钟。

(□ 乡(镇)中心/集贸市场/医院同在一地)

综合日常生活中的各种出行,五年前,您出行最常用的交通方式是_____。

交通方式选项:(注:若一次出行使用两种以上交通方式,如先步行,后换乘班车,则填"A+F",以此类推;相应所需的时间填各交通方式所需时间的总和。)

A.步行　　　　　　　　B.自行车　　　　　　　　C.摩托车(两轮)
D.机动三轮车　　　　　E.拖拉机/农用车　　　　　F.班车/公交车
G.小汽车　　　　　　　H.其他_____(注明)

- 5.目前,若需要从本村运送大宗货物至集贸市场,则用货车(或农用车)运输所需的时间一般为_____分钟。

  五年前(2003年左右),类似情况所需的时间一般为_____分钟。

  (□ 五年前,本村无法通行货车或农用车)

- 6.目前,您每月前往本乡(镇)中心的次数约为_____次;每月前往集贸市场赶集的次数约为_____次。

  综合日常生活中的各种外出情况,目前,您每月离开本村外出前往其他地方的次数约为_____次。

- 7.五年前(2003年左右),您每月前往本乡(镇)中心的次数约为_____次;每月前往集贸市场赶集的次数约为_____次。

  综合日常生活中的各种外出情况,五年前,您每月离开本村外出前往其他地方的次数约为_____次。

- 8.目前,您家里有常年劳动力(包括务农与非农就业)人口_____人;其中女性_____人。

  您家里有_____人长期在外打工或从事其他工作(如异地经商等);其中女性_____人。

  您家里有_____人长期在本地从事非农产业(如个体户、长工等);其中女性_____人。

- 9.目前,您全家每年来自农业(包括种植业、林业、牧业、渔业)的收入约为_____元;来自非农产业(外出打工、本地经营等)的收入约为_____元。

  综合各项收入,目前,您全家每年的总收入约为_____元。

  五年前(2003年左右),您全家每年来自农业(包括种植业、林业、牧业、渔业)的收入约为_____元;来自非农产业(外出打工、本地经营等)的收入约为_____元。

  综合各项收入,五年前,您全家每年的总收入约为_____元。

- 10.目前,您家里共耕种农田_____亩,每年可因此获得收入约_____元。

  五年前(2003年左右),您家里共耕种农田_____亩,每年可因此获得收入约

_____元。(注:若农田收成自留自用,则将收成按市价折算,作为相应收入。)

- 11. 目前,您家里有小学适龄儿童_____个(其中女童_____个),在学的_____个(其中女童_____个);初中适龄学童_____个(其中女童_____个),在学的_____个(其中女童_____个)。

- 12. 目前,您家里上小学的小孩从家里到学校主要采用的交通方式是_____,到达学校所需的时间约_____分钟。(□ 目前家里无上小学的小孩)

  五年前(2003年左右),您家里上小学的小孩从家里到学校主要采用的交通方式是_____,到达学校所需的时间约_____分钟。(□ 五年前家里无上小学的小孩)

  交通方式选项:
  A.步行　　　　　　　　　　　　B.自行车
  C.班车/公交车　　　　　　　　　D.其他_____(注明)

- 13. 目前,您家里上初中的小孩从家里到学校主要采用的交通方式是_____,到达学校所需的时间约_____分钟。(□ 目前家里无上初中的小孩)

  五年前(2003年左右),您家里上初中的小孩从家里到学校主要采用的交通方式是_____,到达学校所需的时间约_____分钟。(□ 五年前家里无上初中的小孩)

  交通方式选项:
  A.步行　　　　　　　　　　　　B.自行车
  C.班车(公交车)　　　　　　　　D.其他_____(注明)

- 14. 农村公路改建项目实施后,您(或您的家人)的就医习惯(生病后是否及时就医、是否倾向选择条件较好的医疗机构)是否因此得到转变?转变程度如何?_____
  A.是的,转变程度很明显　　　　B.是的,转变程度一般
  C.基本没有变化　　　　　　　　D.其他评价_____(注明)

- 15. 目前,您对本村的空气环境质量满意程度如何?_____
  五年前(2003年左右),您对本村当时的空气环境质量满意程度如何?_____
  A.非常满意　　　　　　　　　　B.基本满意
  C.不满意　　　　　　　　　　　D.非常不满意

- 16. 您对本村农村公路改建项目的总体满意程度如何?_____
  A.非常满意　　　　　　　　　　B.基本满意
  C.不满意　　　　　　　　　　　D.非常不满意

- 17. 据您估计,本村农村公路改建后,目前正常情况下每日从改建公路上通过的客/货车(包括农用车)数量大概是_____辆;每日从改建公路上通过的摩托车数量大概是_____辆。

- 18. 据您估计,本村农村公路改建前,正常情况下每日从未改建的公路上通过的客/货车(包括农用车)数量大概是_____辆;每日从未改建的公路上通过的摩托车数量大概是_____辆。

- 19.据您的驾驶经验,目前,普通小客车(四轮)在本村改建后公路上行驶每公里的油耗约为_____升(元);普通农用车辆(四轮)在本村改建后公路上行驶每公里的油耗约为_____升(元);普通摩托车(两轮)在本村改建后公路上行驶每公里的油耗约为_____升(元)。(□ 受访者无相关经验,无法作答)
- 20.据您的驾驶经验,本村农村公路改建前,普通小客车(四轮)在未改建公路上行驶每公里的油耗约为_____升(元);普通农用车辆(四轮)在未改建公路上行驶每公里的油耗约为_____升(元);普通摩托车(两轮)在未改建公路上行驶每公里的油耗约为_____升(元)。(□ 受访者无相关经验,无法作答)

福建省农村公路建设影响评价——公众调查问卷 B
（控制区）

_____县（市、区） _____乡（镇） _____村

调查日期： 调查员： 组长：

[基本信息]

姓名：_____ 年龄：_____ 性别：□1.男 □2.女

家庭住址所在地：□1.公路附近（500 米以内） □2.其他

文化程度：□1.小学及以下 □2.初中 □3.高中或中专 □4.大专及以上

家庭人数：_____（女性成员人数：_____）

[公众调查]

- 1.您对本村目前通村公路的总体状况有何意见？_____

    A.路面状况较差，需要翻修或改建

    B.公路很少，无法满足需要，急需修建更多公路

    C.公路条件较好，令人满意

    D.其他_____（注明）

- 2.目前，您（或您的家人）：

    前往生产劳动场所最常用的交通方式是_____，所需的时间约_____分钟；

    前往本乡（镇）中心最常用的交通方式是_____，所需的时间约_____分钟；

    前往集贸市场最常用的交通方式是_____，所需的时间约_____分钟；

    前往医院最常用的交通方式是_____，所需的时间约_____分钟。

    （□ 乡（镇）中心/集贸市场/医院同在一地）

    综合日常生活中的各种出行，目前，您出行最常用的交通方式是_____。

    交通方式选项：（注：若一次出行使用两种以上交通方式，如先步行，后换乘班车，则填"A＋F"，以此类推；相应所需的时间填各交通方式所需时间的总和。）

    A.步行　　　　　　　　B.自行车　　　　　　　　C.摩托车（两轮）

    D.机动三轮车　　　　　E.拖拉机/农用车　　　　　F.班车/公交车

    G.小汽车　　　　　　　H.其他_____（注明）

- 3.五年前（2003 年左右），您（或您的家人）：

    前往生产劳动场所最常用的交通方式是_____，所需的时间约_____分钟；

    前往本乡（镇）中心最常用的交通方式是_____，所需的时间约_____分钟；

    前往集贸市场最常用的交通方式是_____，所需的时间约_____分钟；

    前往医院最常用的交通方式是_____，所需的时间约_____分钟。

    （□ 乡（镇）中心/集贸市场/医院同在一地）

    综合日常生活中的各种出行，五年前，您出行最常用的交通方式是_____。

交通方式选项:(注:若一次出行使用两种以上交通方式,如先步行,后换乘班车,则填"A+F",以此类推;相应所需的时间填各交通方式所需时间的总和。)

A.步行　　　　　　　　B.自行车　　　　　　　　C.摩托车(两轮)
D.机动三轮车　　　　　E.拖拉机/农用车　　　　　F.班车/公交车
G.小汽车　　　　　　　H.其他_____(注明)

- 4.目前,若需要从本村运送大宗货物至集贸市场,则用货车(或农用车)运输所需的时间一般为_____分钟。(□ 目前,本村无法通行货车或农用车)

  五年前(2003年左右),类似情况所需的时间一般为_____分钟。

  (□ 五年前,本村无法通行货车或农用车)

- 5.目前,您每月前往本乡(镇)中心的次数约为_____次;每月前往集贸市场赶集的次数约为_____次。

  综合日常生活中的各种外出情况,目前,您每月离开本村外出前往其他地方的次数约为_____次。

- 6.五年前(2003年左右),您每月前往本乡(镇)中心的次数约为_____次;每月前往集贸市场赶集的次数约为_____次。

  综合日常生活中的各种外出情况,五年前,您每月离开本村外出前往其他地方的次数约为_____次。

- 7.目前,您家里有常年劳动力(包括务农与非农就业)人口_____人;其中女性_____人。

  您家里有_____人长期在外打工或从事其他工作(如异地经商等),其中女性_____人;您家里有_____人长期在本地从事非农产业(如个体户、长工等),其中女性_____人。

- 8.目前,您全家每年来自农业(包括种植业、林业、牧业、渔业)的收入约为_____元;来自非农产业(外出打工、本地经营等)的收入约为_____元。

  综合各项收入,目前,您全家每年的总收入约为_____元。

  五年前(2003年左右),您全家每年来自农业(包括种植业、林业、牧业、渔业)的收入约为_____元;来自非农产业(外出打工、本地经营等)的收入约为_____元。

  综合各项收入,五年前,您全家每年的总收入约为_____元。

- 9.目前,您家里共耕种农田_____亩,每年可因此获得收入约_____元。

  五年前(2003年左右),您家里共耕种农田_____亩,每年可因此获得收入约_____元。(注:若农田收成自留自用,则将收成按市价折算,作为相应收入。)

- 10.目前,您家里有小学适龄儿童_____个(其中女童_____个),在学的_____个(其中女童_____个);初中适龄学童_____个(其中女童_____个),在学的_____个(其中女童_____个)。

- 11.目前,您家里上小学的小孩从家里到学校主要采用的交通方式是_____,到达学校所需的时间约_____分钟。(□ 目前家里无上小学的小孩)

  五年前(2003年左右),您家里上小学的小孩从家里到学校主要采用的交通方式

是_____,到达学校所需的时间约_____分钟。(□ 五年前家里无上小学的小孩)

交通方式选项：

A.步行 B.自行车

C.班车/公交车 D.其他_____(注明)

- 12.目前,您家里上初中的小孩从家里到学校主要采用的交通方式是_____,到达学校所需的时间约_____分钟。 (□ 目前家里无上初中的小孩)

  五年前(2003年左右),您家里上初中的小孩从家里到学校主要采用的交通方式是_____,到达学校所需的时间约_____分钟。(□ 五年前家里无上初中的小孩)

  交通方式选项：

  A.步行 B.自行车

  C.班车(公交车) D.其他_____(注明)

- 13.最近五年(2003—2008)以来,您(或您的家人)的就医习惯(生病后是否及时就医、是否倾向选择条件较好的医疗机构)是否有变化?转变程度如何?_____

  A.是的,转变程度很明显 B.是的,转变程度一般

  C.基本没有变化 D.其他评价_____(注明)

- 14.目前,您对本村的空气环境质量满意程度如何?_____

  五年前(2003年左右),您对本村当时的空气环境质量满意程度如何?_____

  A.非常满意 B.基本满意

  C.不满意 D.非常不满意

- 15.据您的驾驶经验,目前,普通小客车(四轮)在本村公路上行驶每公里的油耗约为_____升(元);普通农用车辆(四轮)在本村公路上行驶每公里的油耗约为_____升(元);普通摩托车(两轮)在本村公路上行驶每公里的油耗约为_____升(元)。(□ 受访者无相关经验,无法作答)

福建省农村公路建设影响评价——村委会调查问卷 C
（影响区）

_____县（市、区） _____乡（镇） _____村

受访者姓名：_____ 受访者职务：_____

调查日期：_____ 调查员：_____ 组长：_____

- 1.本村已完成的农村公路改建项目实施工期是：_____年___月—_____年___月。
- 2.目前，本行政村所管辖的自然村个数是：_____个。
- 3.目前，本行政村所辖范围内的村民总户数是：_____户；总人口数是：_____人。
- 4.本村是否为少数民族村？ □A.是 □B.否
  若是，少数民族人口数占本村总人口数的比例约为：_____%。
- 5.目前，本行政村所辖范围内是否已完全消除贫困人口？ □A.是 □B.否
  若未完全消除，目前，本村所辖范围内的"贫困户"约有：_____户；"贫困人口"约有：_____人。
- 6.本行政村到达本乡（镇）中心的路程距离约为：_____千米；到达本县县城（市/区中心）的路程距离约为：_____千米。
- 7.请提供2003—2007年各年份本村"农民人均纯收入"的数据：

统计年份	2003	2004	2005	2006	2007
农民人均纯收入/元					

- 8.本村是否有"特色产业"（具有本地特色的加工业、采矿业、旅游业等）？
  □A.有 □B.没有
  若有，本村的特色产业是_____。
  请提供2003—2007年各年份本村"特色产业产值"的数据：

统计年份	2003	2004	2005	2006	2007
特色产业产值/万元					

- 9.请提供2003—2007年各年份本村公路上所发生的交通事故次数：

统计年份	2003	2004	2005	2006	2007
交通事故次数/起					

- 10.目前，本村所辖范围内从事个体经营活动的工商户数量约有_____户。
  五年前（2003年左右），本村所辖范围内从事个体经营活动的工商户数量约有_____户。

（注：个体工商户是指以个人或家庭为单位从事工商业经营活动，如家庭作坊、小商店、个体运输户等。）

- 11.目前，本村是否已有开通客运服务班线？　□A.有　□B.没有
  若有，目前本村已开通的客运班线日均发车班次是_____班。
  五年前（2003年左右），本村是否已有开通客运班线？　□A.有　□B.没有
  若有，当时已开通的客运班线日均发车班次是_____班。

- 12.目前，本村若发生治安刑事案件，"110联动应急服务"（或乡镇派出所民警）到达本村所需的时间一般为_____分钟；本村村民若需要紧急医疗救助，"120紧急救援服务"到达本村所需的时间一般为_____分钟；本村若需要消防火警救援，"119火警救援服务"到达本村所需的时间一般为_____分钟。

- 13.五年前（2003年左右），本村若发生治安刑事案件，"110联动应急服务"（或乡镇派出所民警）到达本村所需的时间一般为_____分钟；本村村民若需要紧急医疗救助，"120紧急救援服务"到达本村所需的时间一般为_____分钟；本村若需要消防火警救援，"119火警救援服务"到达本村所需的时间一般为_____分钟。

- 14.据您估计，本村农村公路改建后，目前正常情况下每日从改建公路上通过的客/货车（包括农用车）数量大概是_____辆；每日从改建公路上通过的摩托车数量大概是_____辆。

- 15.据您估计，本村农村公路改建前，正常情况下每日从未改建的公路上通过的客/货车（包括农用车）数量大概是_____辆；每日从未改建的公路上通过的摩托车数量大概是_____辆。

- 16.在本村农村公路改建项目实施的过程中，是否有相关主管部门或建设单位与本村村委会或村民进行协商解决问题的情况发生？本村村委或村民是否针对改建项目进行过集体协商？若有，请简要介绍一下协商的内容与协商的结果。

福建省农村公路建设影响评价——村委会调查问卷 D
(控制区)

　　_____县(市、区)　_____乡(镇)　_____村

　　受访者姓名:_____　受访者职务:_____

　　调查日期:　　　　　调查员:　　　　　组长:

- 1.目前,本行政村所管辖的自然村个数是:_____个。
- 2.目前,本行政村所辖范围内的村民总户数是:_____户;总人口数是:_____人。
- 3.本村是否为少数民族村?　□A.是　□B.否
  若是,少数民族人口数占本村总人口数的比例约为:_____%。
- 4.目前,本行政村所辖范围内是否已完全消除贫困人口?　□A.是　□B.否
  若未完全消除,目前,本村所辖范围内的"贫困户"约有:_____户;"贫困人口"约有:_____人。
- 5.本行政村到达本乡(镇)中心的路程距离约为:_____千米;到达本县县城(市/区中心)的路程距离约为:_____千米。
- 6.请提供 2003—2007 年各年份本村"农民人均纯收入"的数据:

统计年份	2003	2004	2005	2006	2007
农民人均纯收入/元					

- 7.本村是否有"特色产业"(具有本地特色的加工业、采矿业、旅游业等)?
  □A.有　□B.没有
  若有,本村的特色产业是_____。
  请提供 2003—2007 年各年份本村"特色产业产值"的数据:

统计年份	2003	2004	2005	2006	2007
特色产业产值/万元					

- 8.请提供 2003—2007 年各年份本村公路上所发生的交通事故次数:

统计年份	2003	2004	2005	2006	2007
交通事故次数/起					

- 9.目前,本村所辖范围内从事个体经营活动的工商户数量约有_____户。
  五年前(2003 年左右),本村所辖范围内从事个体经营活动的工商户数量约有_____户。
  (注:个体工商户是指以个人或家庭为单位从事工商业经营活动,如家庭作坊、小商店、个体运输户等。)

- 10. 目前,本村是否已有开通客运服务班线? □A.有 □B.没有
  若有,目前本村已开通的客运班线日均发车班次是_____班。
  五年前(2003年左右),本村是否已有开通客运班线? □A.有 □B.没有
  若有,当时已开通的客运班线日均发车班次是_____班。

- 11. 目前,本村若发生治安刑事案件,"110联动应急服务"(或乡镇派出所民警)到达本村所需的时间一般为_____分钟;本村村民若需要紧急医疗救助,"120紧急救援服务"到达本村所需的时间一般为_____分钟;本村若需要消防火警救援,"119火警救援服务"到达本村所需的时间一般为_____分钟。

- 12. 五年前(2003年左右),本村若发生治安刑事案件,"110联动应急服务"(或乡镇派出所民警)到达本村所需的时间一般为_____分钟;本村村民若需要紧急医疗救助,"120紧急救援服务"到达本村所需的时间一般为_____分钟;本村若需要消防火警救援,"119火警救援服务"到达本村所需的时间一般为_____分钟。

福建省农村公路建设影响评价——乡镇调查问卷
（影响区/控制区）

_____县（市、区） _____乡（镇）

受访者姓名：_____ 受访者职务：_____

调查日期：_____ 调查员：_____ 组长：_____

- 在本次调查中，本乡（镇）被抽样选中作为调查区的行政村有_____个。
  分别是：_____
- 请填写以下五张表格所列的社会经济统计数据：

表1 社会总产值（万元）

统计年份		2003	2004	2005	2006	2007
全乡（镇）总产值						
被抽中村产值	_____村					
	_____村					
	_____村					
	_____村					
	_____村					

注："被抽中村产值"对应栏目所填写的为本乡（镇）在本次调查中被抽样选中作为调查区的行政村的相应统计数据，有几个行政村被抽中则相应填几行；其余表格以此类推。

表2 农业总产值（万元）

统计年份		2003	2004	2005	2006	2007
全乡（镇）总产值						
被抽中村产值	_____村					
	_____村					
	_____村					
	_____村					
	_____村					

表3 非农产业总产值(万元)

统计年份		2003	2004	2005	2006	2007
全乡(镇)总产值						
被抽中村产值	_____村					
	_____村					
	_____村					
	_____村					
	_____村					

表4 特色产业产值(万元)

统计年份		2003	2004	2005	2006	2007
全乡(镇)总产值						
被抽中村产值	_____村					
	_____村					
	_____村					
	_____村					
	_____村					

注:"特色产业"是指具有当地特色,可为当地创收的产业,如具有本地特色的加工业、采矿业、旅游业等。若当地具有多种特色产业,则本表格所填写数据应为各特色产业产值之和;若当地没有特色产业则不填。

表5 农民人均纯收入(元/年)

统计年份		2003	2004	2005	2006	2007
全乡(镇)人均纯收入						
被抽中村人均纯收入	_____村					
	_____村					
	_____村					
	_____村					
	_____村